Laura Malina Seiler

ZURÜCK ZU MIR

Eine heilende Begegnung

ROWOHLT POLARIS

3. Auflage September 2021
Originalausgabe
Veröffentlicht im Rowohlt Taschenbuch Verlag,
Hamburg, Oktober 2021
Copyright © 2021 by Rowohlt Verlag GmbH, Hamburg
Satz aus der Dolly bei Dörlemann Satz, Lemförde
Druck und Bindung CPI books GmbH, Leck, Germany
ISBN 978-3-499-00579-4

Für jeden Menschen,
der tief in seinem Inneren spürt,
dass es Zeit ist,
zu sich selbst zurückzufinden.

INHALT

KAPITEL 1

Der Moment der Entscheidung

11

KAPITEL 2

Es ist anders, als du denkst

20

KAPITEL 3

Alles beginnt in dir

45

KAPITEL 4

Erlaube dir zu heilen

67

KAPITEL 5

Befreie dein Herz

102

KAPITEL 6

Glaube an Wunder

136

KAPITEL 7

Beginne zu leben

170

Dein natürlicher Zustand ist Liebe.
Deine spirituelle Aufgabe ist es,
dich in jedem Moment daran zu erinnern.

Laura Malina Seiler

Der Moment der Entscheidung

Alma öffnete langsam ihre schweren Augen und blinzelte müde in ihr Zimmer. Sie hasste Aufwachen. Ihr Körper fühlte sich erschöpft an und so, als läge eine tonnenschwere Last auf ihm. Ihr Kopf schmerzte, und sie erinnerte sich an den Rotwein, mit dem sie gestern Abend ihren Kummer versucht hatte runterzuspülen. Sie drückte den Snooze Button des Smartphones, das neben ihrem Kopfkissen piepste – diese trügerische Hoffnung, weiterschlafen zu können, nur um dann drei Minuten später wieder von dem nervtötenden Ding geweckt zu werden. Sie biss innerlich die Zähne zusammen, zählte langsam von fünf bis eins runter und schlug dann lustlos die Decke weg. Es war kalt in ihrem Zimmer, sie hatte die Balkontür offen stehen lassen, und der Boden unter ihren Füßen fühlte sich an, als würde sie auf Eis laufen. Verflucht! Sie schleppte sich ins Bad und warf sich selbst einen verächtlichen Blick im Spiegel zu. Ihr braunes Haar hing in unordentlichen Strähnen aus ihrem Zopf raus, und unter ihren Augen waren noch die restlichen Spuren ihrer verlaufenen Mascara zu sehen. *Du siehst fürchterlich aus*, sagte sie resignierend zu ihrem Spiegelbild. Alma nahm sich ihre Zahnbürste vom Waschbecken, zog ihre Kleidung, die sie noch vom Vortag anhatte, aus und stellte sich unter die Dusche. Minutenlang ließ sie das warme Wasser einfach über ihren Körper laufen und putzte sich dabei mit monotonen Handbewegungen die Zähne.

Wie aus einem tiefen Nebel stiegen langsam die Erinnerungen an den gestrigen Abend in ihrem Kopf auf. Ein Stechen fuhr durch ihr Herz. Der Anruf. Der Streit. Dann die brutale Erkenntnis, dass er nie wirklich an ihr interessiert gewesen war und sie nur als Ablenkung benutzt hatte, um über seine alte Beziehung hinwegzukommen. Wie hatte sie so naiv gewesen sein können? Wie hatte sie es die ganze Zeit nicht merken können? *Wie verblendet kann man eigentlich sein?*, fragte sie sich laut und ließ nun das warme Wasser über ihre Haare und ihr Gesicht laufen. Dass sie wirklich geglaubt hatte, es wäre dieses Mal anders! Was für ein Scheiß.

Sie schloss ihre Augen und versuchte, den Schmerz in ihrem Herzen irgendwie wegzuschieben. Sie kannte dieses Gefühl so gut. Es war, als wäre es schon immer in ihrem Leben gewesen. Das Verlassenwerden. Das Gefühl, nicht richtig zu sein. Das Gefühl, nie zu genügen. Ihr stiegen warme Tränen in die Augen, die sie nicht länger zurückhalten konnte. Sie vermischten sich mit dem Wasser aus der Dusche und liefen über ihr Gesicht. *Du hättest es wissen müssen.* Ihre Gedanken ließen den Schmerz immer größer werden, bis ihr die Tränen nur so aus den Augen herausströmten. Ihr ganzer Körper begann zu zittern, und sie ließ sich einfach auf den Boden der Dusche rutschen, schlang die Arme um ihre Knie und weinte bitterlich. Sie weinte, bis keine Träne mehr übrig war und sich in ihr eine fast angenehme Leere ausgebreitet hatte.

Langsam blickte sie auf und atmete tief ein. Wie betäubt fühlte sie sich, und gleichzeitig spürte sie, wie in ihr eine merkwürdige Mischung aus Wut und Hoffnung wach wurde. Die Wut darauf, dass sie es hatte so weit kommen lassen. Die Hoffnung, dass es von diesem Punkt an eigentlich nur bergauf gehen konnte. *Ich will das nicht mehr.* Eine Stimme in ihr wurde laut. *Ich will mich nie wieder so fühlen. Ich bin es so leid. Es muss doch irgendwie möglich sein, glücklich zu werden und diese sich immer wiederholenden Dramen endlich mal zu beenden.*

Sie fasste den Griff der Duschtür, zog sich nach oben und ließ noch für einen Moment das warme Wasser über ihren Körper laufen, so als könnte es all den noch verbliebenen Schmerz mit sich wegwaschen. Sie stellte die Dusche ab, wickelte sich in ein Handtuch und ging entschlossen zurück zu ihrem Badezimmerspiegel, der vollkommen beschlagen war. Mit ihrer Hand wischte sie in der Mitte des Spiegels den Wasserdampf weg. Alma blickte sich in die Augen. Sie flüsterte sich selbst zu:

«Es tut mir leid, und auch wenn ich noch keine Ahnung habe, wie: Ich werde zu mir selbst zurückfinden.» Die Worte lösten rund um ihr Herz ein warmes Gefühl aus, und sie spürte, dass sie gerade die wahrscheinlich wichtigste Entscheidung in ihrem Leben getroffen hatte. Sie lächelte sich selbst zaghaft im Spiegel zu, dann warf sie sich ihren kuscheligen Bademantel über und wickelte sich ihr Handtuch um den Kopf.

Sie ging in ihre kleine Küche und blickte auf die Weinflaschen, die vom Vorabend auf dem Tisch standen. Kalter Zigarettengeruch hing noch in der Luft. Ihr Blick fiel auf den Aschenbecher, der vollkommen überfüllt in der Mitte des Tisches stand. Sie schüttelte sich vor Ekel, räumte die Flaschen weg und warf den gesamten Aschenbecher komplett in den Müll. Dann öffnete sie das Fenster und ließ die frische Herbstluft in den Raum strömen. *Schon besser*, dachte sie zufrieden. Alma setzte sich Wasser für einen Kamillentee auf und schaute danach in ihren Kühlschrank, plötzlich hungrig, aber darin herrschte gähnende Leere. Verdammt, fluchte sie. Jetzt in den Supermarkt gehen zu müssen, unter Leute – danach war ihr noch gar nicht zumute. Nicht mal den Kühlschrank zu füllen, schien ihr im Moment zu gelingen.

Ihre Gedanken wurden vom Haustürklingeln unterbrochen. Die Uhr über dem Herd verriet, dass es erst kurz vor 9 Uhr war. Wer klingelte denn bitte so früh am

Morgen? Kopfschüttelnd ging sie zur Wohnungstür und öffnete genervt. Vor ihr stand ein Postbote, der sie so freundlich anlächelte, dass ihr ihre missmutige Miene sofort peinlich war. «Das ist für Sie!», sagte er und überreichte ihr ein kleines Päckchen, das sie mit seinem blau-rot gestreiften Rand an Pakete erinnerte, die sie schon mal in amerikanischen Filmen gesehen hatte. Sie nahm es vorsichtig an sich, bedankte sich und schloss etwas verwirrt die Tür. Sie kannte niemanden in den USA und wunderte sich, wer ihr wohl von dort etwas zuschicken sollte. Das Päckchen war ganz leicht, und die Handschrift, mit der ihre Adresse geschrieben war, kam ihr bekannt vor. Sie sah fast aus wie ihre eigene.

Der Wasserkocher begann zu pfeifen. Schnell ging sie durch den Flur zurück in die Küche, legte das Päckchen auf den Küchentisch und stellte den Wasserkocher aus. Ruhe. Alma atmete einmal tief durch. Es war erst kurz nach neun, und sie war bereits einmal heulend in der Dusche zusammengebrochen, hätte beinahe ein zweites Mal geweint beim Anblick des leeren Kühlschranks, der auch Ausdruck ihres Versagens in jeglicher Hinsicht zu sein schien. Und sie hatte ein Lächeln und ein Päckchen geschenkt bekommen. Entweder nahm der Tag nun eine positive Wendung, oder sie sollte vielleicht besser direkt zurück ins Bett gehen.

Erst mal: Tee. Sie holte eine Tasse aus dem Schrank, goss das heiße Wasser auf die duftenden Teekräuter und atmete noch einmal tief die jetzt wieder wunderbar frische Luft im Raum ein. Nein, entschied sie, nicht zurück ins Bett, sondern es sich richtig schön gemütlich auf der Couch machen, die an der langen Seite vom Küchentisch stand. Sie stellte die Tasse ab, nahm das Päckchen vom Tisch und las noch einmal die Adresse darauf. Sie strich mit ihren Fingern über die Buchstaben und runzelte leicht ihre Stirn. Wenn sie es nicht besser wüsste – sie könnte schwören, dass es ihre eigene Handschrift war. Ihr Herz schlug ein bisschen schneller. Sie war jetzt tatsächlich regelrecht aufgeregt, was sie wohl darin finden würde. Sie zog an der kleinen Lasche, mit der das Päckchen sich öffnen ließ. Geräuschvoll ging ein Riss durch den Deckel, den sie langsam umklappte. Darunter Papier, das den eigentlichen Inhalt schützte und das sie kurzerhand hinter sich schmiss. Ein Brief lag in dem Päckchen. «Für Alma». Und darunter ein wunderschönes altes Notizbuch mit einem wunderschön grün schimmernden Einband, auf dem in goldenen Lettern «Zurück zu mir» eingeprägt stand.

Sie nahm beides heraus und musste kurz innehalten. Plötzlich überwältigte sie das Gefühl, einen unendlich wertvollen Schatz in den Händen zu halten. Sowohl vom Brief als auch von dem Notizbuch ging eine unerklärliche Energie auf sie über. Sie schloss die Augen, versuchte zu erspüren, was das war. Sie konnte diese Welle von Gefühlen nicht recht greifen, nicht einordnen. Es fühlte sich unfassbar warm in ihr an. Als würde eine tiefe Liebe jede einzelne ihrer Zellen umfassen. Ganz langsam zog sich die Welle zurück, und Alma öffnete ihre Augen wieder. *Was war das?* Sie zitterte ein wenig, als sie sich entschloss, zuerst den Brief zu lesen. Vorsichtig legte sie das Notizbuch vor sich auf den Tisch und öffnete dann den Brief. Wieder schüttelte sie ungläubig den Kopf, als sie auf die Handschrift blickte, mit der der Brief geschrieben war. Die Art und Weise, wie die Buchstaben geschwungen waren und die Zeilen zum Ende immer etwas schräg nach unten gingen, sah ihrer eigenen so unglaublich ähnlich. Sie holte tief Luft und begann zu lesen:

Liebste Alma,
ich bin so glücklich, dass Dich mein Brief zur richtigen Zeit erreicht hat. Diese Zeilen und das Notizbuch konnten nur zu Dir kommen, weil Du heute Morgen die wichtigste Entscheidung Deines bisherigen Lebens getroffen hast. Als Du in den Spiegel geschaut hast und Dir selbst versprochen hast, dass Du einen Weg finden wirst, zu Dir selbst zurückzufinden, hast Du im Universum einen Wandel ausgelöst, der Deine Zukunft neu ausgerichtet hat. Es ist, als hättest Du Dich an der wichtigsten Kreuzung Deines Lebens – an der Du wohlgemerkt schon oft gestanden hast – nun also entschieden, die richtige Abbiegung zu nehmen, und dadurch

*Dein gesamtes Schicksal positiv beeinflusst. Denn es
sind genau diese Entscheidungen, die wir in unserem
Leben treffen, mit denen wir unser eigenes Schicksal
formen und neu ausrichten.*

*Ich weiß, dass es gerade noch verwirrend für Dich ist,
diese Zeilen zu lesen, und ich weiß, dass Du jetzt tausend Fragen hast. Ich verspreche Dir, dass Du auf jede
einzelne dieser Fragen eine Antwort bekommen wirst.
Jetzt und heute beginnen wir aber damit, dass Du Dich
noch tiefer mit Deinem Wunsch verbindest, Dich selbst
wiederzufinden und Dich der Möglichkeit zu öffnen,
Dein Leben maßgeblich selbst zu beeinflussen. Einfach
alles kann sich im Außen verändern, wenn Du Deine
innere Welt veränderst. In dem Notizbuch, das ich Dir
schicke, findest Du all die Antworten, die Du suchst.
Ich freue mich unendlich auf die Reise, die jetzt vor uns
liegt. Ich bin so stolz auf Dich. Danke für alles.
Deine Alma*

Alma starrte auf den Brief. Sie las ihn noch mal und
noch mal. Sie fühlte sich, als hätte es in ihrem Kopf einen Kurzschluss gegeben. Sie konnte keinen klaren Gedanken fassen, und ja, sie hatte in der Tat *tausend Fragen*.
Woher kam dieser Brief? Woher wusste diese Frau, was
sie heute Morgen in der Dusche gedacht hatte? Konnte
es ein Zufall sein, dass die Absenderin und sie den
gleichen Namen trugen? Sie wendete den Brief, um zu

schauen, ob noch etwas auf der Rückseite stand, das ihr vielleicht weitere Hinweise auf die Absenderin geben würde. Aber die Rückseite war leer.

Ihr Blick fiel auf das Notizbuch. Sie löste das weiße Band, das das Notizbuch mit einer Schleife geschlossen hielt, und schlug es auf.

KAPITEL 2

Es ist anders, als du denkst

Eine kleine weiße Blüte segelte auf Almas Schoß, die zwischen dem Einband und der ersten Seite gelegen haben musste. Sie nahm die zarte Blüte in ihre Hand – ein wunderschöner Duft strömte ihr entgegen. Alma atmete ihn tief ein und versuchte, das starke Gefühl zu greifen, das sie nun erfasste. Es war, als würde eine Erinnerung in ihr aufsteigen. Eine Erinnerung an ein noch nicht gelebtes Leben. Alma sah sich die Blüte genauer an. Sie musste lächeln: Vor ihrem inneren Auge tauchten wunderschöne hawaiianische Frauen auf, die sich genau diese Blüten hinters Ohr steckten und sie als Schmuck in ihren Haaren trugen. Sie liebte das Bild, sie liebte Hawaii, ohne es je besucht zu haben. Ein Sehnsuchtsort. Jetzt, da diese Blüte in ihrer Hand lag, ihre zarten Blätter ihr Haut berührten, spürte sie, dass diese Blume eine Bedeutung für sie hatte. Als würde sie eine Botschaft in sich tragen. Sie drehte die Blume in ihrer Hand und hatte das Gefühl, für einen kurzen Moment selbst auf Hawaii zu sein. Sie lächelte bei diesem Gedanken und spürte, wie ihr Herz einen kleinen Sprung machte. Behutsam legte sie die Blüte zurück in das Notizbuch und blätterte die erste Seite um. Genau wie der Brief waren auch bereits die ersten Seiten in dem Notizbuch in ihrer eigenen Handschrift geschrieben. Neugierig begann sie, den ersten Notizbucheintrag zu lesen. Die Überschrift lautete:

Dein Herz kennt den Weg

Darunter stand:

Notiz an mich selbst: Du wirst die Antwort nur in Deinem Herzen finden können. Dein Verstand ist blind für die Tiefe Deines Wesens. Alles beginnt damit, dass Du aus der Angst wieder in die Liebe kommst.

Öffne Dich für die Erkenntnis, dass das, was Du für DIE Realität hältst, nur DEINE Realität ist. Nur wenn wir uns innerlich dafür öffnen, dass es eine andere Möglichkeit gibt, uns selbst und dieses Leben zu betrachten, werden wir das Tor in die unendliche Weite unserer inneren Welt öffnen. Dieses Notizbuch ist Deine innere Landkarte, die Dich an einen Ort führt, an dem Du Dich selbst und Deine innere Welt vollkommen neu entdecken wirst. Heute ist der erste Tag Deines neuen Lebens. Der Tag, an dem Du beginnen wirst, zu Dir selbst zurückzufinden.

Der erste Schritt, um Kontakt mit diesem Ort aufzu-
nehmen, ist zu lernen, Dich zu entspannen und Deinen
Kopf auszuschalten. Es ist Dein Verstand, der wie
eine Mauer zwischen Dir und Deinem Herzen steht.
Je mehr Du Dich entspannst, desto niedriger wird die
Mauer werden, bis Du schließlich ganz leicht darüber
hinwegsteigen kannst und Dich in Deinem Herzen
wiederfindest.

Alma las die Seite noch einmal. Sie war völlig gebannt
von den Worten und gleichzeitig vollkommen verwirrt.
Noch immer überschlugen sich die Gedanken in ihrem
Kopf: Wer war diese Alma, die ihr diese Zeilen geschrieben hatte? Was passierte hier eigentlich? Ein Gedanke
unter der Dusche sollte das alles ausgelöst, den Postbo-
ten aktiviert haben, sodass sie nun hier auf ihrem Sofa
saß mit einem an sie adressierten Brief in ihrer eigenen Handschrift, mit einer hawaiianischen Blume, die
nicht nur wundervoll duftete, sondern so viel mehr zu
bedeuten schien, und einem Notizbuch mit Anweisungen, mehr noch, Weisungen für ihr Leben? Es war verrückt! Kurz schwindelte es ihr, das alles war einfach ...
unmöglich? Warum fühlte es sich für sie dann ande-
rerseits ganz selbstverständlich an, dass sie das Notizbuch in ihren Händen hielt? Es schien verrückt, aber
zugleich auch richtig, wahrhaftig. Es war, als wäre sie
gerade dabei, in eine völlig unbekannte Welt einzutau-

chen. Sie hatte keine Ahnung, was dort auf sie wartete. Aber sie spürte, wie sich ihr Herz danach sehnte weiterzulesen und dass genau diese Welt, in die die Worte sie mitnahmen, die Welt war, in die sie unbedingt wollte. Sie fühlte alles zugleich: Aufregung, Verwunderung, Angst, Sehnsucht – in ihrem Kopf begann es zu pochen, sodass ihr fast schwindelig wurde. Es war zu viel für ihren Verstand, zu viel, was gerade passierte, das sie einfach nicht begreifen, nicht erklären konnte. Sie hatte so viele Fragen.

Sie legte das Notizbuch auf den Küchentisch neben den Brief und nahm ihre Tasse in die Hand. Der Tee war mittlerweile nicht mehr warm, aber sie trank trotzdem einen großen Schluck, weil ihr Mund ganz trocken geworden war. Sie hielt die Tasse in ihren Händen und blickte auf das Notizbuch. Dann versuchte sie, es sich auf ihrem Küchensofa so gemütlich wie möglich zu machen, legte sich ihre Kuscheldecke über die Beine, atmete tief ein und aus. Sie nahm das Notizbuch und schlug die nächste Seite auf. Dort stand oben in der ersten Zeile in geschwungener Schrift:

Es ist anders, als du denkst

Hilf Deinem Herzen, den Weg zu Dir zu finden. Nimm die Blume in Deine Hände und schließe sie über ihr. Lege Deine Hände mit der Blume ganz entspannt in

Deinem Schoß ab. Beginne, Dich ganz bewusst zu ent-
spannen. Schließe Deine Augen. Atme tief in Dein Herz
ein und ganz langsam und gleichmäßig wieder aus.
Stell Dir vor, wie sich Dein ganzer Körper entspannt.
Wie jeder Muskel sich immer mehr und mehr ent-
spannt und Du mit jedem Atemzug diese Entspannung
noch vertiefst. Bringe Deine Aufmerksamkeit in Dein
Herz. Spüre Dein Herz. Spüre Deinen Herzschlag. Ver-
binde Dich mit der unendlichen Weisheit Deines Her-
zens. Mit der Tiefe Deines Herzens. Stell Dir vor, wie
Du Dich immer tiefer in Dein Herz fallen lassen kannst.
Wie Du umgeben bist von der heilenden Energie Deines
Herzens. Immer tiefer und tiefer. Wenn Du spürst, dass
Du die Verbindung zu Deinem Herzen aufgebaut hast,
erinnere Dich an die Blume in Deinen Händen und
stell Dir vor, dass diese Blume der Schlüssel ist zu einer
Welt in Dir. Lass Dir von ihr den Weg zeigen. In Dein
Herz.

Alma ließ die Worte in sich nachhallen, nahm sie in sich auf. Langsam griff sie zu der kleinen Blüte, legte sie in ihre Hände, schloss ihre Augen. Erst war es alles noch vollkommen durcheinander und laut in ihr. Sie konnte sich nicht daran erinnern, sich jemals die Zeit genommen zu haben, ganz bewusst in sich selbst hineinzuhören. Doch als sie begann, sich auf ihren Atem zu konzentrieren und ihren Körper zu entspannen, wurde es immer ruhiger in ihr. Sie tauchte immer tiefer und tiefer in ihr Herz ein und folgte der Energie der Blume in ihrer Hand. Sie trug sie fort. Weit weg. An einen anderen Ort.

Als sie ihre Augen öffnete, musste sie blinzeln: Die Sonne schien in ihr Gesicht und blendete Alma. Wo war sie? Ungläubig sah sie sich um. Sie saß auf einer weißen Holzbank in einem wunderschönen Garten. So viele verschiedene Blumen waren um sie herum, so viele Farben. Direkt vor ihr, auf der Erde, lagen Hunderte der weißen Blüten, die sie in ihrer Hand hielt. Ihr Blick ging nach oben. Über ihr ließ ein großer Baum seine Äste hängen, und er trug diese wunderschönen Blüten, von denen manche vom Wind heruntergeweht worden waren. Auch ihre Blüte stammte anscheinend von genau diesem Baum. Und sie hatte sie zu diesem Ort geführt. Alma atmete tief ein, sog den Duft der herrlichen Blüten ein, die frische Meeresluft, spürte die Sonnenstrahlen auf ihrer Haut, die angenehme Wärme, die sie umgab, die sie einhüllte. *Was ist das hier für ein Ort?*, fragte sie sich.

Doch bevor sie weiter darüber nachdenken konnte, hörte sie eine Stimme: «Alma! Du bist da!»

Sie war nicht allein an diesem Ort? Und sie war ... erwartet worden? Alma schaute in die Richtung, aus der die Stimme kam. Auf einem Weg mit weißen kleinen Steinchen, der scheinbar tief aus dem Inneren des Gartens entsprang, kam eine alte Frau mit ausgestreckten Armen auf sie zu und strahlte sie an. Obwohl sie schon mindestens neunzig Jahre oder älter sein musste, sah sie aus wie das blühende Leben. Die Fältchen, die ihre grünen Augen umrahmten, schienen wie kleine Sonnenstrahlen in ihr Gesicht gezeichnet zu sein und brachten es zum Leuchten. Sie hatte ihre langen weißen Haare zu einem geflochtenen Zopf zusammengebunden, der ihr sanft über die Schulter fiel. Ihr langes geblümtes Sommerkleid ließ nur die nackten Füße hervorschauen. Ihre Haut schimmerte golden, von der Sonne leicht gebräunt. Alma blickte ihr mit Neugier entgegen, überrascht von sich selbst, dass sie sich nicht erschreckt hatte, sondern sich unmittelbar aufgehoben fühlte in der Gegenwart dieser Frau. Alles an ihr kam ihr vertraut vor, und als sie schließlich vor ihr stand, hatte Alma das Gefühl, in ihr eigenes Gesicht zu schauen – das viel älter, aber auch viel glücklicher aussah als ihr eigenes. Sie wollte etwas sagen, aber wusste einfach nicht, was. Ihr fehlten die Worte. Die ältere Frau sah sie wissend an, nahm liebevoll Almas Hände in ihre und setzte sich neben sie auf die weiße Holzbank unter dem Baum mit den schönen Blüten.

Mit einer ruhigen, liebevollen Stimme sagte sie: «Ich freu mich so sehr, dass du da bist. Ich kann es selbst noch gar nicht richtig glauben. Ich weiß, du hast tausend Fragen. Du wirst auf alle eine Antwort bekommen.» Sie lächelte Alma an, und die feinen Lachfalten ließen ihre Augen noch stärker strahlen.

Almas Gedanken überschlugen sich. So viel ging ihr durch den Kopf, sie wusste nicht, wo anfangen. Schließlich hörte sie sich fragen: «Wo bin ich hier?»

«Nun ja, lass mich versuchen, es so zu erklären: Wir sind an einem Ort in deinem Bewusstsein. Dieser Ort ist ein besonderer, ein bedeutungsvoller für dich und mich. Warum, das wirst du noch erfahren. Dort hinten steht unser Haus, und wenn wir ein Stück den Weg hinunterlaufen und dem Bach folgen, kommen wir direkt an einen wunderschönen kleinen Strand, an dem die Schildkröten gerne ihren Mittagsschlaf machen», antwortete die alte Frau vergnügt.

Alma verstand zwar die Worte, die sie sagte, konnte aber nicht begreifen, was sie gerade gehört hatte. «In unserem Garten? Aber eigentlich in meinem Bewusstsein? Wie ist das möglich?» Eine kurze Pause entstand, Almas Gedanken rasten. Die alte Frau beobachtete sie still. Alma spürte ihren Blick auf sich. Schließlich wurde ihr klar, welche die wichtigste Frage in diesem Moment war: «*Wer bist du?*»

Die alte Frau lächelte, in ihren Augen blitzte Freude auf, die Frage schien ihr zu gefallen: «Ich bin du, und du bist ich. Wir begegnen einander in deinem eigenen

Bewusstsein, in deiner inneren Welt. Ich habe dich über dein Herz hierhergeholt. Es ist alles real und zugleich auch nicht. Du bist mit deinem Geist in diesem Moment auf einer Ebene, die tiefer ist als alles, was du bis jetzt erlebt hast. Du bist in deinem inneren Raum der unbegrenzten Möglichkeiten. In dem Raum, in dem alles erschaffen wird. Ich verkörpere eine Möglichkeit von dir selbst in deiner Zukunft, die du selbst erschaffen hast und die tatsächlich existiert. Ich weiß, dass das alles gerade noch ziemlich kompliziert wirkt und schwer zu begreifen ist, aber spüre in dein Herz hinein, und du wirst fühlen, dass du tief in dir bereits weißt, dass es stimmt. Ich werde dir in den nächsten Tagen alles ganz in Ruhe erklären. Wir werden über alles sprechen, was du wissen möchtest.»

In Alma drehte sich alles. Es fühlte sich an, als könnte ihr Verstand ihr nicht an diesen Ort folgen, an dem sie sich gerade aufhielt. Wie war das alles möglich? Dass es möglich war, spürte sie, wusste tief in ihrem Herzen, dass es stimmte. Dies alles war mehr als ein Traum. Es war alles so real – und zugleich komplett unglaublich. Diese alte süße Frau, die ihr also gerade gegenübersaß und sie anstrahlte, war sie selbst. Also nicht ganz, aber eine Möglichkeit von ihr selbst in ihrer Zukunft? Ihr war schwindelig.

«Ich versuche, das alles noch zu begreifen», sagte sie langsam, als müsste sie jedes Wort, das sie aussprach, innerlich suchen, so durcheinander war sie. «Du existierst also wirklich, aber gleichzeitig bist du nur eine Vision, die ich selbst von mir erschaffe?», fasste sie zusammen, was sie bis jetzt verstanden hatte.

«Ganz genau. Du erschaffst mich mit jeder deiner Entscheidungen, die du in deinem Leben noch treffen wirst – oder eben auch nicht. Auf der geistigen Ebene existiere ich immer, die Frage ist nur, ob ich auch in der äußeren Welt eines Tages existieren werde. Genau deswegen sind du und ich heute hier. Ich werde dich ab jetzt mit all meiner Weisheit und all meiner Liebe begleiten und dir zeigen, wie du in deine volle Selbstwirksamkeit kommen kannst. Du wirst lernen, wieso jetzt gerade so viel Schmerz in deinem Leben ist und wie du diesen Schmerz heilen kannst. Du wirst lernen, deine wahre Essenz tiefer und dich selbst als unendlich schöpferischen Menschen zu erfahren. Du wirst erkennen, dass alles in deiner inneren Welt beginnt.» Sie hielt inne, schien Almas Fragen in ihren Augen lesen zu können. «Ich werde dir alles Stück für Stück erklären, und ich verspreche dir, dass es für dich alles einen Sinn ergeben wird. Und jetzt wirst du erst einmal richtig ankommen. Ich habe einen frischen Kuchen für uns gebacken. Komm, ich zeige dir unser Haus.»

Alma nickte erleichtert, sie war froh, dass sie eine Pause bekommen würde, um all das, was sie gerade hörte und sah, verarbeiten zu können. Gespannt darauf, diese verrückte Welt noch besser kennenzulernen, in die sie gerade eingetaucht war, stand sie auf. Gemeinsam spazierten sie den kleinen Weg mit den weißen Steinchen durch den Garten zum Haus entlang. Almas Herz klopfte wie wild. Es war alles so unwirklich, und gleichzeitig fühlte es sich so echt an. Die Blumen, die Luft, der Garten. Alles war wirklich da. Sie spürte, wie sich die kleinen Steinchen unter ihren Füßen bewegten und dabei leise knirschten. Sie war wirklich hier. Dann machte der Weg eine leichte Abbiegung nach links, und sie sah das Haus. Ihr Traumhaus. Staunend blieb sie mitten im Gehen stehen. Sie blickte auf ein wunderschönes, großes altes Holzhaus aus weißen Bohlen mit türkisfarbenen Fensterläden. Das Haus war umsäumt von Bäumen und Blumen und umgeben von einer weißen Veranda aus Holz. An der linken Seite hing zwischen zwei Säulen eine Hängematte im Wind, die langsam von einer Seite zur anderen gewiegt wurde. Von der Veranda führte eine breite Treppe mit fünf Stufen hinunter in den Garten. Auf jeder Stufe standen links und rechts bunt bemalte Blumentöpfe, aus denen unterschiedliche Blumen und Kräuter das Geländer der Treppe entlangwuchsen. Die Fenster und Türen des Hauses waren weit geöffnet, und weiße Vorhänge wehten im Wind. Auf der Veranda standen ein alter Schaukelstuhl, auf dem ein aufgeschlagenes Buch lag, und ein Holztisch, auf dem eine bestickte Tischdecke lag. Alma roch den Duft des frisch gebackenen Kuchens, der auf dem Tisch zusammen mit zwei Tellern und einem warmen Tee stand. Alles, was sie gerade sah, strahlte eine solche Ruhe und Frieden aus.

«Komm, bei einem Stück Kuchen lässt es sich wunderbar reden. Ich erzähle dir alles, was du wissen möchtest.» Die alte Frau nahm Alma liebevoll an die Hand und führte sie zur Veranda hinauf. Alma ließ sich auf einen der gemütlichen Stühle sinken. Von hier aus konnte sie über den Garten sehen – und in der Ferne erkannte sie sogar das Blau des Meeres.

Sie atmete tief ein und aus, dann lächelte sie die alte Frau an. «Es ist einfach wunderschön! Am liebsten möchte ich für immer hierbleiben.» Die alte Frau nahm das Kuchenmesser und schnitt den Kuchen an. «Ich nehme sehr gerne ein Stück», sagte Alma dankbar zu ihr.

«Wunderbar!», entgegnete sie fröhlich und legte Alma ein frisches Stück Apfelkuchen auf einen kleinen runden Teller, nahm sich selbst auch eines und machte es sich gegenüber von Alma auf einem Stuhl gemütlich.

Eine Weile war es ganz still, bis auf das Zwitschern der Vögel und den sanften Wind in den Bäumen, der vom Meer herüberwehte und die Blätter rascheln ließ. Beide nahmen versonnen ein paar Gabeln vom leckeren Kuchen, genossen schweigend die Süße der Äpfel, bis die alte Frau tief einatmete und zu sprechen begann:

«Du hast heute Morgen eine sehr wichtige Entscheidung getroffen. Auch wenn du noch nicht weißt, wie es dazu kam oder woher diese Entscheidung kam, hast du doch voller Überzeugung in dir den Wunsch formuliert, heilen zu wollen. Diese Entscheidung, dieses Bekenntnis, hat uns hier zusammengeführt. Ich bin, wenn man so möchte, das Ergebnis davon. Du erfährst gerade sehr viel Leid und Schmerz in deinem Leben, weil du bisher nicht gelernt hast, wie du heilen kannst. Du hast keine Ahnung von deiner Macht über dein eigenes Leben und über deine Schöpferkraft. Du weißt nicht, wie du zu dir selbst zurückfindest.

Das Problem der meisten Menschen ist, dass sie glauben, es sei normal, dass sie sich fühlen, wie sie sich nun mal fühlen, dass ihr Leben ist, wie es nun mal ist. Sie glauben, es sei normal, von einem Drama ins nächste zu geraten. Sie glauben, es sei normal, sich innerlich leer und einsam zu fühlen. Sie glauben, es sei normal, das Gefühl zu haben, dass alles ein Kampf ist und alle Anstrengung nie ausreicht. Sie hören irgendwann auf, den Status quo in ihrem Leben zu hinterfragen, weil irgendwie alle so leben. Es ist, als würden sie eine Decke in ihrem Leben akzeptiert haben, die ihre unsichtbare geistige Grenze ist, dabei haben sie diese gläserne Decke selbst erschaffen.

Wen kennst du, die oder der wirklich erfüllt und voller Begeisterung durch das eigene Leben geht? Jemand, die oder der die Kunst des Manifestierens verstanden hat und das eigene Leben nach den eigenen Träumen und Wünschen lebt? Jemand, die oder der sich nicht mit dem Status quo zufriedengibt, sondern sich erlaubt zu wachsen und sich selbst vollkommen entfaltet? Du kennst niemanden, die oder der das tut, nicht wahr? Die meisten Menschen haben aufgehört, wirklich zu leben, bevor ihr Leben angefangen hat. Sie suchen nach Erfüllung im Außen. Sie kaufen Dinge, die sie nicht brauchen. Sie essen Dinge, die ihnen nicht guttun. Sie gehen Beziehungen ein, die sie verletzen. Sie leben jeden Tag aufs Neue wie eine Kopie des vorherigen Tages, anstatt zu sehen, dass jeder einzelne in Wahrheit das Potenzial hat, ein Anfang zu sein, ein Beginn für ein neues Leben. Wir Menschen haben vergessen, was Leben wirklich bedeutet. Wir haben vergessen, dass Leben Wachstum, Loslassen, Heilung und vor allen Dingen auch Selbstentfaltung bedeutet. Wir haben uns selbst vor langer Zeit an die Illusion verloren, dass wir machtlos sind und keinen Einfluss auf unser Leben nehmen können, darauf, wie es uns geht.

Und so hast auch du vergessen, wer du in Wahrheit bist. Du hast vergessen, welche Kraft in dir ist und wie unendlich schöpferisch du bist. Aber heute Morgen, als du in deinem Badezimmer vor dem Spiegel standest und dich dazu entschieden hast, zu dir selbst zurückzufinden, hast du eine Tür in deine innere Welt geöffnet. Es war die Tür zu einem tiefen inneren Wissen. Dem

Wissen, dass es eine andere Möglichkeit gibt, dein eigenes Leben zu erschaffen, und dass du jeden Moment neu wählen kannst, wie dein Leben von nun an weitergehen wird. Du hast die Tür zu deiner eigenen Heilung geöffnet – die Tür zu einer vollkommen neuen Erfahrung. Es ist, als hättest du endlich die richtige Abbiegung auf der wichtigsten Kreuzung deines eigenen Lebens genommen. Und mit dieser Entscheidung hast du auch mich als Möglichkeit erschaffen. Ich kann nur existieren, weil du dich dafür entschieden hast, zu dir selbst zurückzufinden und damit auch zu mir.»

Die alte Frau nahm einen Schluck von ihrem Tee.

Alma spürte, wie die vielen Worte in ihr etwas bewegten, das sie tatsächlich vergessen hatte. Sie hatte vergessen, an sich selbst zu glauben! Dass sie selbst etwas an ihrem Leben verändern konnte.

«Bitte erzähl mir mehr», bat sie hoffnungsvoll, begierig, mehr zu erfahren.

Die alte Frau lächelte: «Gern, meine Liebe. Aber vergiss nicht, deinen Kuchen weiterzuessen, ja?» Sie zwinkerte ihr sanft zu und fuhr dann fort: «Eines der größten Hindernisse für ein erfülltes Leben ist unsere Vorstellung davon, was möglich ist und was nicht. Wir setzen Grenzen, wo in Wahrheit gar keine sind. Wir glauben aber so fest daran, dass sie existieren, dass wir uns irgendwann tatsächlich nicht mehr über diese von uns erfundenen Grenzen hinwegsetzen können. Am stärksten begrenzen wir die unendlichen Fähigkeiten unseres Geistes. In erster Linie durch die Annahme, unser Geist sei nicht unendlich. Ich sage dir jetzt: Dein Geist ist unendlich. Er schenkt dir dein Leben, er belebt alles in dir und auch alles in diesem Universum. Dein Geist ist das verbindende Element von allem, was existiert. Dein Verstand und deine daraus entspringenden Gedanken sind immer limitiert auf deine bisherigen Erfahrungen. Dein Geist hingegen schenkt deinem Verstand Leben, und gleichzeitig umfasst dein Geist alles, was du jemals erfahren hast, in diesem Moment erfährst und in der Zukunft erfahren wirst. Die geistige Ebene ist die Energie, die alles Leben in diesem Universum erschafft. Durch deinen Geist bist du ein Teil von allem, und alles ist ein Teil von dir. Und, meine Liebe, das Tor zu dieser geistigen Ebene ist dein Herz. Über dein Herz findest du Zugang zur Kraft deines Geistes.

Die meisten Menschen leben ausschließlich in ihrem Verstand und haben den Zugang zu ihrer geistigen Ebene vollkommen verloren. Weil sie den Zugang zu ihrem Herzen verloren haben. Sie sehen nicht, dass das Leid in ihrem Leben existiert, weil sie sich selbst nicht mehr fühlen können. Sie haben an einem bestimmten Punkt in ihrem Leben Angst anstatt Liebe gewählt und lassen jetzt die Angst ihr Leben regieren, so lange, bis sie irgendwann sogar davor Angst haben, wirklich und wahrhaftig zu leben. Es ist dann nur noch ein Überleben, aber kein schöpferisches Erleben mehr. Vergiss nie: Der Weg zurück zu dir selbst führt über die Heilung all dessen, was du glaubst, nicht zu sein. Der Gedanke, nicht gut genug zu sein, nicht liebenswert genug zu sein, nicht dazuzugehören … All diese Gedanken entspringen der Angst. Sie können in einem Zustand der Liebe nicht existieren. Liebe heilt und verbindet, während Angst immer trennt. Wenn wir Angst gewählt haben, werden wir uns immer selbst als Opfer des eigenen Lebens erfahren. Wenn wir hingegen Liebe wählen, werden wir zur Schöpferin unserer Erfahrungen.

Am Ende gibt es nur diese beiden Seinszustände: Angst oder Liebe. Von dort leiten sich alle anderen Gefühle, Gedanken und Handlungen ab. Der Unterschied zwischen diesen beiden inneren Seinszuständen ist, dass die Liebe sogar in der Lage ist, die Angst zu lieben und zu integrieren. Die Angst hingegen fürchtet die Liebe, weil sie weiß, dass sie in ihr überflüssig ist. Unsere innere Befreiung beginnt deswegen genau in dem Moment, in dem wir uns wieder der Liebe öffnen und ihr vertrauen. Das ist der erste Schritt jeder Heilung: aufhören, innerlich in einer Welt aus Angst zu leben, und beginnen, eine Welt aus Liebe zu erschaffen.

Ich existiere in deiner Zukunft nur aus diesem einen Grund: Du hast diese Kraft in dir wiedererweckt. Denn die Wahrheit ist, du bist nicht kaputt, und du musst auch nichts an dir reparieren. Du darfst einfach lernen, all das loszulassen und von dir zu trennen, was nicht zu der höchsten Version von dir selbst gehört. Liebe Alma, merke dir dies: Heilung bedeutet Loslassen.»

Alma blieb eine Weile still. Sann den gerade gesprochenen Worten nach. Ganz langsam fügten sie sich in ihrer Welt zusammen und fingen an, einen Sinn zu ergeben. Ja, sie hatte tatsächlich schon vor langer Zeit aufgehört, daran zu glauben, dass sie wirklich etwas in ihrem Leben verändern könnte. Sie hatte aufgegeben, daran zu glauben, dass sie Einfluss darauf nehmen konnte, wie sich ihr Leben entwickeln würde. Sie hatte Angst gewählt anstatt Liebe. Sie hatte geglaubt, dass ihre Zukunft automatisch immer die Verlängerung ihrer Vergangenheit sein würde, und dabei vergessen, dass sie genau in diesem Moment, jetzt hier, in der Gegenwart, neu wählen durfte.

Durch die Worte der weisen alten Frau wurde ihr bewusst, dass genau das einfach nicht stimmte. Es stimmte nicht, dass sie nichts ändern konnte! Und es stimmte auch nicht, dass sie den Erfahrungen in ihrem Leben machtlos gegenüberstand. Im Gegenteil sogar. Sie konnte plötzlich glasklar erkennen, wie ihr jeder Moment in ihrem bisherigen Leben immer wieder die Wahl gelassen hatte: Immer wieder hätte sie entscheiden können, ob sie die Erfahrung nutzen würde, um daran zu wachsen und zu heilen – oder ob sie sich selbst kleinmachen würde, sich verleugnete, sich selbst ihre Kraft absprach und sich selbst aufgab.

Ihr Herz begann, etwas schneller und lauter zu schlagen, so als wäre es durch diese Gedanken aus einem tiefen Schlaf aufgeweckt worden. Neue Lebensenergie durchströmte ihren Körper. Sie zitterte innerlich vor Aufregung über diese Erkenntnis und durch die Kraft, die dadurch in ihr freigesetzt wurde. Sie war ihrem Leben nicht unwillkürlich ausgeliefert! Niemand außer ihr selbst konnte bestimmen, wie sie ihr Leben lebte, und vor allen Dingen nicht, wie sie sich innerlich fühlte. *Nein*, dachte sie, *ich werde die Kraft und die Liebe in mir nicht länger verleugnen. Ich möchte lernen, mich selbst wertzuschätzen und zu lieben. Ich will mich selbst nie wieder so verraten und verlassen.* Sie musste unwillkürlich lächeln. Da war ihr Neuanfang!

Mit dem nächsten Atemzug jedoch kam ihr auch ein Gedanke, der ihr all ihre gerade erst gewonnene Leichtigkeit fast wieder genommen hätte: Was, wenn sie nie wieder an diesen wundervollen Ort zurückfinden würde? Was, wenn das doch alles ein Traum war? Was, wenn sie es nicht schaffen würde, ihre Ängste und Selbstzweifel tatsächlich zu überwinden? Ihr Herz begann, noch stärker zu klopfen, aber dieses Mal aus Verzweiflung. *Nein*, dachte sie, *das darf nicht passieren. Ich möchte lernen, wie ich wieder Liebe über Angst wählen kann. Ich möchte lernen, wie ich aus meinem inneren Schmerz endlich aussteigen kann. Ich kann nicht in mein altes Leben zurück, und alles geht genauso weiter. Ich kann einfach nicht.*

Sie blickte ihr weises altes Ich sorgenvoll an und sagte mit einer leisen, kaum hörbaren Stimme: «Ich habe Angst, dass ich die Verbindung zu dir wieder verliere. Was, wenn ich nicht mehr hierher zurückfinde? Diese Begegnung mit dir und all das, was ich bereits von dir erfahren habe, sind das Wertvollste, was mir je passiert ist. Ich habe Angst, dass es wieder vorbei ist und ich aus all dem Drama in meinem Leben nicht rauskomme. Ich habe so viele Fragen an dich. Ich möchte so viel von dir lernen. Ich brauche dich bei mir.» Sie fühlte sich unendlich verwundbar und ängstlich.

Ihr altes weises Ich blickte sie mit liebevollen Augen an und nahm erneut ihre Hände. «Ich fühle deinen Schmerz und deine Angst. Und genau mit dieser Angst kannst du üben. Spüre, wie die Angst dazu führt, dass du dich bereits getrennt fühlst. Deine Angst projiziert in deine Zukunft einen Schmerz, der in Wahrheit in diesem Moment gar nicht existiert. Du kannst dich aber ebenso mit der Freude und der Neugierde auf all das verbinden, was jetzt noch vor dir liegt. Angst ist immer die Erwartung von Schmerz in der Zukunft, während Liebe die Erwartung von Heilung und Verbindung ist. Wenn du dich mit deinem Herzen verbindest, spürst du, dass du immer bei mir bist und ich immer bei dir. Wir sind unzertrennlich miteinander in unserem Herzen verbunden. Ich lebe in deinem Herzen. Genauso wie dieser Ort in deinem Herzen lebt. Genauso wie all dieses Wissen in dir ist. Es ist alles bereits in dir. Du brauchst keine Angst zu haben, weil all das, was du jetzt gerade erfahren hast und noch erfahren wirst, nie weggehen kann. Es entspringt aus dir selbst. Wenn du einmal begonnen hast, den Weg der inneren Erkenntnis zu gehen und in Kontakt mit der Weisheit deines Herzens zu kommen, kannst du diese Wahrheit in dir nie wieder vergessen. Du kannst dein Bewusstsein nur nach vorne entwickeln und nicht zurück. Du kannst nicht vergessen, wer du wirklich bist und welche Kraft in dir ist, wenn du es einmal bewusst gefühlt hast.

Unsere gemeinsame Reise hat erst begonnen. Du wirst nicht mehr verleugnen können, dass ich als Möglichkeit für dich selbst existiere, weil du hier gewesen bist. Du hast es alles gesehen. Du weißt, dass es wahr ist. Du bist jetzt gerade in direkter Verbindung mit deiner inneren geistigen Welt. Die geistige Welt, in der wir jetzt gerade sind, bildet die Grundlage für alles. Sie erschafft alles andere. Alles, worauf du dich in deiner inneren Welt fokussierst, erlebst du auch. Je mehr du deine innere geistige Ebene erforschen wirst und dich ihr öffnest, desto leichter kannst du die Verbindung zu mir aufbauen. Du wirst feststellen, dass jede noch so kleine Veränderung in deiner inneren Welt immer auch eine Veränderung in deiner äußeren Welt hervorbringen wird. Denn du erlebst deine äußere Welt immer als Spiegel deiner inneren Welt. Frieden in dir selbst wird auch immer Frieden in der Welt um dich herum erzeugen. Du erkennst jetzt, was möglich ist. Du fühlst den Frieden und die Erfüllung, die du in deinem Leben erschaffen kannst. Die DU erschaffen kannst! Du brauchst dafür niemanden außer dich selbst. Alles beginnt in dir. Dieses Wissen deines Herzens wird dazu führen, dass du anders denken, fühlen, entscheiden und handeln wirst, weil du gesehen hast, was für dich möglich ist. Du bist untrennbar mit deiner Schöpferkraft verbunden. Es gibt nichts, wovor du Angst haben müsstest, da alles in dir selbst seinen Anfang hat.»

Sichtlich vergnügt über die Kraft ihrer eigenen Worte, nahm sie sich noch ein Stück von dem Apfelkuchen, so als wäre alles, was sie gerade gesagt hätte, so selbstverständlich wie das Einmaleins. Fröhlich fuhr sie fort: «Ich glaube, wir haben heute bereits einiges besprochen. Das ist eine ganz wundervolle Grundlage für alles, was morgen auf dich wartet. Unsere gemeinsame Reise hat ja, wie gesagt, gerade erst begonnen. Für dich heißt es jetzt, in deine Gegenwart zurückzukehren und zu beginnen, genau das Leben zu erschaffen, was du hier siehst. Das Notizbuch wird dir dabei helfen, dich immer wieder an alles zu erinnern. Schreibe dir darin alles auf, was du gelernt hast. Wir werden uns morgen wiedersehen. Ich werde hier sein und auf dich warten.»

Auch wenn Alma diesen Ort niemals wieder verlassen wollte, verstand sie, dass es Zeit war, aus der Tiefe ihres

Geistes zurück an die Oberfläche ihres Lebens zu kehren. Es gab für sie noch so viel zu lernen und zu erleben. *Ja*, dachte sie, *es beginnt alles in mir. Ich kann es fühlen.* Sie trank ihren Tee aus, stellte den leeren Teller vorsichtig zurück auf den Tisch. Dann stand sie auf, bereit, in ihrem Leben etwas Neues zu beginnen.

Glücklich lächelte sie ihr altes weises Ich an. Die alte Frau nickte ihr wissend zu, und gemeinsam spazierten sie zurück zu der kleinen weißen Bank, die unter dem Baum mit den schönen Blüten stand. Alma setzte sich, und ihr Herz war erfüllt von einer solchen Dankbarkeit über diese heilende Begegnung. *Ich werde nie wieder vergessen können, dass dieser Ort existiert,* dachte sie. *Ich werde immer wieder hierher zurückfinden.* Sie wusste es.

Ihr altes weises Ich legte ihr eine der Blüten vorsichtig in ihre Hände und legte ihre Hände darüber. «Diese Blüte wird dich immer wieder an diesen Ort und zu mir zurückbringen. Alles, was du dafür tun musst, ist, ihre Kraft und ihre Energie mit deiner eigenen zu verbinden.»

Alma schloss ihre Augen und atmete tief ein und aus. Ihr weises altes Ich nahm ihr Gesicht liebevoll in ihre Hände und küsste sie zum Abschied auf die Stirn.

Als Alma die Augen langsam wieder öffnete, war sie zurück in ihrer Küche. Sie nahm den Geruch von ihrem

Tee wahr und spürte die kühle Luft aus dem geöffneten Fenster auf ihrer Haut. Sie saß unverändert auf ihrer Couch, mit der Decke über ihren Beinen. Vor ihr auf dem Tisch lagen das Notizbuch und der geöffnete Brief von ihrem weisen Ich. Im Außen war scheinbar alles vollkommen gleich, so als hätte jemand die Zeit angehalten, während sie in ihrer inneren Welt gefühlt für Jahre weg gewesen war.

In ihr hatte sich etwas zu verändern begonnen, so wie ein Sturm, der sich langsam aufbaute und alles mit sich nehmen würde, was nicht länger zu ihr gehörte. Sie öffnete vorsichtig ihre Hand und blickte auf die wunderschöne weiße Blume, die immer noch darin lag. Ein tiefes Gefühl der Dankbarkeit durchflutete sie. Es war wirklich passiert. Es war kein Traum gewesen. Sie hob die Blume an ihre Nase und atmete ihren Duft ein. Sie lächelte und nahm ihr Notizbuch, das noch auf der zweiten Seite aufgeschlagen war, und legte die Blume wieder zwischen das Cover und die erste Seite. Dann blätterte sie um und fand hinter der ersten Übung eine völlig leere Seite. Sie griff nach dem Kugelschreiber auf dem Küchentisch und begann, die wichtigsten Erkenntnisse aus der Begegnung mit ihrem alten Ich aufzuschreiben:

1. *Es gibt immer eine Möglichkeit, das eigene Leben zu erschaffen.*

2. Der Schmerz in meinem Leben existiert, weil ich ihn noch nicht geheilt habe.

3. Wir können unser Leben entweder in Angst oder in Liebe verbringen.

4. Angst schafft Trennung. Liebe schafft Heilung.

5. Meine Vergangenheit bestimmt nicht meine Zukunft. Ich kann in diesem Moment neu wählen.

6. Ich kann eine Zukunft erschaffen, die voller Liebe, Frieden und Vertrauen ist.

7. Jede Entscheidung, die ich treffe, formt mein eigenes Schicksal.

8. Ich selbst kann Einfluss auf mein eigenes Leben nehmen.

9. Alles existiert zuerst auf der geistigen Ebene.

10. Es ist bereits alles da. Der Zugang zu meiner geistigen Kraft liegt in meinem Herzen.

11. Meine innere Welt erschafft meine äußere Welt.

KAPITEL 3

Alles beginnt in dir

Als Alma am nächsten Tag aufwachte, schien es ihr, als lägen ganze Welten zwischen dem heutigen und dem gestrigen Morgen. Während sie gestern noch das Gefühl hatte, ihr Herz wäre für immer gebrochen und dass sie diesen fiesen Schmerz nie wieder loswerden würde, spürte sie jetzt ein tiefes Gefühl der Zuversicht. So als wäre in ihr mit dem neuen Sonnenaufgang auch eine neue Hoffnung geweckt worden, darüber, dass das, was vor ihr lag, vollkommen frei war von allem, was gestern war. Sie konnte kaum erwarten, wieder an diesen magischen Ort in ihrer inneren Welt zu reisen und ihr weises altes Ich zu treffen. Es hatte sich nach ihrer ersten Begegnung bereits so viel in ihr getan. Allein gefühlt und gesehen zu haben, dass es für sie in ihrem Leben eine völlig neue Möglichkeit gab, ließ sie innerlich ganz vorfreudig werden. Es war, als hätte jemand einen schweren grauen Schleier von ihr weggehoben, von dem sie gar nicht gewusst hatte, dass er überhaupt da war. Ihr Probleme und Dramen waren so normal in ihrem Leben gewesen, dass sie vollkommen vergessen hatte, dass sie sich ganz anders fühlen konnte. Sie hatte vollkommen vergessen, was für sie möglich war.

Gestärkt durch diesen positiven neuen Blick in ihre eigene Zukunft, hatte sie noch gestern Abend, voller innerer Klarheit darüber, wohin es ab jetzt in ihrem Leben gehen sollte, ihr Handy genommen und alle Nummern und Nachrichten ihrer Exfreunde gelöscht. Eine nach der anderen. Mit jedem Mal, das sie auf Löschen drückte, verabschiedete sie sich innerlich mehr und mehr von ihrem alten Ich und ließ die Entscheidung in ihr stärker werden, ab jetzt etwas in ihrem Leben anders zu machen. Sie wollte nie wieder in das Leben vor der Begegnung mit ihrem alten weisen Ich zurück. Ihr war klargeworden, dass all das Drama und die vielen Verletzungen sich nur deswegen ständig in ihrem Leben wiederholten, weil sie die Liebe, die sich so sehr von den Männern ersehnt hatte, nur in sich selbst finden würde. Sie hatte die ganze Zeit etwas bei anderen gesucht, was sie sich nur selbst geben konnte. Wie sollte sie denn eine erfüllte Beziehung zu jemand anderem führen, wenn in ihr selbst bisher keine Liebe Platz gefunden hatte? Wie hätte sie denn bisher Liebe wirklich in ihr Leben lassen können, wenn sie in Wahrheit eigentlich auf der Flucht davor war?

Auch wenn es im ersten Moment ziemlich hart war, sich einzugestehen, dass all die gescheiterten Beziehungen etwas mit ihr selbst zu tun hatten, war es dennoch auch eine Befreiung. Es bedeutete, dass sie auch etwas daran ändern konnte. Das Gespräch mit ihrem alten weisen zukünftigen Ich hatte ihr geholfen zu erkennen, dass der einzige Weg, wie sie wirklich erfüllt in ihrem Leben werden würde, damit begann, sich selbst zu heilen und zu lieben. Diese Liebe würde sie nie in jemand anderem finden können, nur in sich selbst.

Als sie mit diesen vielen neuen Gedanken und Gefühlen am Vorabend ins Bett gegangen war, hatte sie das Notizbuch wie ihren wertvollsten Schatz unter ihr Kopfkissen gelegt, um sicherzugehen, dass es nicht einfach verschwinden würde. Jetzt tastete sie danach – und zu ihrer tiefen Erleichterung lag es noch genauso dort. Es war also wirklich kein Traum. Es war tatsächlich passiert. Sie richtete sich schnell in ihrem Bett auf, legte sich ihr Kissen hinter den Rücken, um etwas bequemer im Bett sitzen zu können, und atmete tief ein und aus. Voller Vorfreude auf alles, was sie heute lernen und erfahren würde, nahm sie das Notizbuch in ihre Hände, streichelte liebevoll mit ihren Fingerspitzen darüber und öffnete vorsichtig den wunderschön schimmernden Einband. Sie las noch einmal ihre Notizen vom Vorabend durch und schlug dann die nächste Seite auf. Dort stand in ihrer eigenen Handschrift eine neue Notiz von ihrem alten weisen Ich.

Notiz an mich selbst:

Alles beginnt in Dir

Liebste Alma,

ich kann mir gut vorstellen, wie Du Dich gerade fühlst. Alles ist neu und aufregend, und gleichzeitig hast Du so viele Fragen. Es ist so wundervoll, dass wir uns nun endlich auf diese gemeinsame innere Reise begeben, die alles verändern wird. Ich möchte Dich heute noch tiefer mit in Deine innere geistige Welt nehmen, wo Du viele weitere Antworten erhalten wirst. Gestern hast Du bereits gelernt, dass sehr vieles in Wahrheit gar nicht so ist, wie wir glauben, und dass wir uns selbst oft mit unserem Denken und unseren Überzeugungen im Weg stehen können, ohne es selbst überhaupt zu bemerken. Und wir übersehen, welche Fülle und Möglichkeiten es gibt. Nur weil wir sie nicht sehen können, heißt es nicht, dass sie nicht da sind. Aber erst wenn wir die Wahrheit in unser Bewusstsein holen, können wir auch wahrhaftig sehen.

Du hast gelernt, dass es eine geistige Welt gibt, mit der Du Dich verbinden kannst und in der alles beginnt. Diese geistige Welt ist Dein spiritueller Ursprung. Sie ist die Quelle Deiner Energie und Deines Vertrauens in Dich und Dein Leben. Die Verbindung zu dieser inneren Quelle zu stärken, bedeutet, in Dir eine sichere Heimat zu schaffen. Einen Ort, an dem Du Dich geliebt

fühlst, an dem Du Dir über Deine ganze Schöpferkraft bewusst bist und von dem aus Du in Freude
und Leichtigkeit alles erschaffen kannst. Es ist ein
Ort der Fülle und der Möglichkeiten. Ganz gleich, um
welchen Lebensbereich es geht, ob um Deine Beziehungen, Deinen Beruf, Deine Gesundheit oder um all die
Wünsche, die Du hast: Wenn Du beginnst, aus dieser
tiefen Verbindung zu Dir selbst heraus zu erschaffen,
gibt es nichts, was Du nicht erreichen kannst. Ich
weiß, dass sich diese Vorstellung für Dich jetzt gerade
noch sehr weit weg anfühlt und sich vielleicht sogar
unrealistisch anhört. Das liegt aber nicht daran, dass
es wirklich unrealistisch ist, sondern lediglich daran,
dass Du noch nicht an Dich und Deine geistige Kraft
glaubst. Es liegt daran, dass Du noch nicht das Wissen
hast, wie Du Dein eigenes Bewusstsein verändern
und scheinbar Unmögliches dadurch Wirklichkeit
werden lassen kannst. In dieser Erkenntnis liegt glück-
licherweise auch zugleich der Schlüssel: Nur wenn Du
ehrlich anerkennst, was Du wirklich glaubst, kannst
Du es auch verändern.

Der erste Schritt für jede Veränderung ist immer, sich
selbst die Wahrheit zu sagen. Nur wenn wir den tiefen
inneren Wunsch haben, uns selbst wahrhaftig zu
erkennen, werden wir gleichzeitig auch bereit sein, all
das loszulassen, was uns bisher davon abgehalten hat,
unsere eigenen Flügel zu sehen und zu spüren. Im Los-

*lassen liegt eine riesige Kraft, die die Transformation
überhaupt erst in Gang setzt. Das Schöne ist, dass es
überhaupt nicht darum geht, besser werden zu müssen.
Es geht lediglich darum, Dich von all dem zu trennen,
was Dich Deiner eigenen Großartigkeit gegenüber
blind sein lässt. Transformation ist nichts anderes als
die Veränderung Deiner Energie. Solange wir uns selbst
belügen oder uns die Dinge schönreden, werden sie nur
schlimmer. Die Wahrheit befreit immer.
Wenn Du bereit bist, Dich Deiner Wahrheit zu stellen,
nimm die Blüte in Deine Hände und schließe Deine
Augen. Erlaube Dir, Dich wieder von der Energie der
Blume in Deinen Händen führen zu lassen. Tauche ein
in Deine innere Welt.
Ich werde dort auf Dich warten.*

Alma blickte für einen Moment von dem Notizbuch auf
und atmete langsam tief ein und aus. «*Die Wahrheit befreit immer*», wiederholte sie leise. Wie sehr diese Worte
auf sie zutrafen … Sie war immer und immer vor sich
selbst weggelaufen, aus Angst davor, wirklich hinzufühlen und hinzusehen. Es war fast so, als hätte sie
immer wieder Drama in ihrem Leben erschaffen, damit dieser oberflächliche Schmerz sie davon ablenkte,
den wirklich tiefliegenden Schmerz darunter fühlen zu
müssen. Sie war so sehr damit beschäftigt gewesen zu
versuchen, ihre Fehler zu verstecken. Nun war es an der

Zeit aufzuhören, vor sich selbst und den eigenen Themen wegzulaufen.

Entschlossen nahm sie das Notizbuch und stieg aus dem Bett, warf sich ihren Bademantel über, zog sich ein paar warme Wollsocken über die Füße und ging in die Küche. Sie setzte sich Wasser für einen Tee auf und blickte für einen Moment aus dem Fenster auf die Straße. Der Winter ging langsam zu Ende, und die ersten Bäume ließen ihre grünen Blätter aufgehen. Endlich Frühling. Was für ein wunderschöner Neubeginn. Sie lächelte in die Welt nach draußen. *Liebe Welt*, dachte sie, *ich mache mich wieder auf den Weg zu dir.* Alles wirkte ein bisschen fröhlicher und leichter als gestern.

Als der Wasserkocher piepste, nahm sie sich ihre Lieblingstasse aus dem kleinen Küchenschrank und goss sich einen Tee auf. Sie machte es sich auf ihrem Sofa gemütlich und wickelte sich ihre Kuscheldecke um die Beine. Bereit für die nächste Begegnung mit ihrem weisen alten Ich, öffnete sie das Notizbuch und nahm die wunderschöne weiße Blüte in ihre Hände. Sie legte sie in ihren Schoß und schloss die Augen. Sie konzentrierte sich vollkommen auf das Gefühl der Blume in ihren Händen und ließ sich wie von einer sanften Welle in ihre innere Welt hineintragen. Mit jedem Atemzug entspannte sie mehr und mehr. Sie konnte fühlen, wie sich ihr Herz öffnete. Wie sie durch das Tor in ihrem Herzen den Zugang zu ihrer inneren Welt fand.

Alma tauchte in eine wohlige Wärme ein, und es fühlte sich an, als würde sie endlich ein Zuhause finden, ankommen, wo sie hingehörte. Alles war so ruhig und entspannt. Sie nahm die Geborgenheit und Liebe wahr, die sie plötzlich umgaben. Langsam erschuf sich um sie herum die wundervolle Welt, die sie gestern bereits kennengelernt hatte. Sie sah sich um und stellte fest, dass sie auf der weißen Gartenbank unter dem Baum mit den wunderschönen Blüten saß. Ihr Herz machte einen Sprung. Sie hatte es tatsächlich geschafft, den Weg zurückzufinden! Sie war wieder hier. *Danke, danke, danke*, dachte sie erleichtert. Sie blickte sich um und sog die wunderschöne Umgebung in sich auf. Wieder überwältigten sie die vielen unterschiedlichen Farben und dieser Duft, als würde man einen Strauß frischer Sommerblumen riechen. Sie spürte die Wärme auf ihrer Haut und hörte ganz in ihrer Nähe Vögel zwitschern. Alles hier strahlte Frieden aus. Sie atmete die frische Luft tief ein und aus. Sie hatte so viele Fragen an ihr weises altes Ich. Sie lachte laut und befreit auf: Es war verrückt, eine solche Vorfreude hatte sie vermutlich zuletzt als Kind erlebt.

Alma blickte sich nach ihrem weisen alten Ich um, konnte sie aber nicht entdecken. Sie stand auf und folgte demselben kleinen Weg durch den Garten, den sie auch gestern zum Haus gelaufen war. Die Steinchen knirschten leise unter ihren Füßen, mit ihren Händen strich sie liebevoll über die Blumen, die am Wegrand wuchsen, und sie bewunderte jede einzelne für ihre Schönheit. Dann sah sie das wunderschöne Haus vor sich, mit der Veranda, auf der sie gestern zusammen gesessen hatten. Sie blieb stehen und blickte für einen Moment einfach nur auf das Haus, nahm die Ruhe in sich auf, die davon ausging. *Oh Gott, wie sehr liebe ich diesen Ort*, dachte sie vollkommen erfüllt.

Dann hörte sie ein fröhliches «Alma!» und erblickte ihr weises altes Ich, die schwungvoll die Tür der Veranda öffnete und auf sie zukam. Sie trug ein sommerliches Kleid und war wieder barfuß. Heute hatte sie ihre Haare zu zwei Zöpfen geflochten – das Strahlen in ihrem Gesicht war genauso umwerfend wie gestern. Wenn sie Alma nicht verraten hätte, dass sie über neunzig Jahre alt war, ihr junges Ich hätte sie glatt für jünger als sich selbst geschätzt. Voller Liebe nahm ihr altes Ich sie nun in die Arme, und es fühlte sich an, als würde sie das gesamte Universum umarmen. Alma wurde von einer solchen Welle der Liebe und des Vertrauens durchflutet, dass sie sich wünschte, diese Umarmung würde niemals zu Ende gehen. Sie konnte sich nicht daran erinnern, sich jemals zuvor in ihrem Leben so geborgen und geliebt gefühlt zu haben.

«Schön, dass du wieder da bist!» sagte ihr weises altes Ich glücklich. «Komm mit, ich möchte dir gerne etwas zeigen.» Sie nahm Alma an ihre Hand und führte sie die Stufen der Veranda hinauf, von wo aus sie einen unglaublich schönen Blick über den Garten bis hin zum Meer hatten, dessen blaues Glitzern sich bis zum Horizont erstreckte. Für einen Moment der Stille genossen sie beide einfach diesen atemberaubenden Ausblick. Dann fragte ihr weises altes Ich: «Wenn du dich hier umblickst, was siehst du, und was fühlst du?»

Alma ließ ihren Blick über die Weite der Natur schweifen und nahm alles, so gut sie konnte, in sich auf. «Ich sehe die Natur und ihre Schönheit, ich spüre Frieden und Ruhe. Ich fühle ein absolutes Gleichgewicht aus allen Elementen, so als wäre hier alles in einem perfekten Einklang miteinander. Alles wächst und blüht an diesem Ort in seiner eigenen Form. Es ist wunderschön», sagte sie nachdenklich.

«Ja, das ist es», sagte ihr weises altes Ich lächelnd. «Das, was du beschreibst, ist die Harmonie der Natur. Alles in diesem Universum strebt immer nach Harmonie, Wachstum und Gleichgewicht. Alles hat hier seinen Platz. Alles darf sein. Alles existiert im Miteinander. Und die Natur ist eine Meisterin des Loslassens. Sie hält nicht unnötig lange an Dingen fest. Sie lässt ihre alten Blüten und Blätter fallen, wenn es so weit ist, denn sie weiß, dass sie nur dann wieder aufblühen kann. Die Natur gibt sich dem Rhythmus des Lebens hin. Sie weiß, dass alles einem ständigen Wandel unterliegt. Die Natur ist vollkommen in Einklang mit den universellen Gesetzen, sie arbeitet bewusst mit ihnen, anstatt sich gegen sie zu wehren.

Die Menschen haben jedoch vergessen, dass sie ein Teil von dieser universellen Harmonie sind und dass es auch unsere Natur ist, genau dieses Gleichgewicht in uns selbst immer wieder herzustellen und zu wahren. Je mehr du in Harmonie mit allem bist, was du bist und was dich umgibt, desto mehr wirst du aufblühen und das gesamte Leben als einen ewigen Fluss der Freude wahrnehmen. Wenn du das Gegenteil davon lebst, wenn du nicht im Gleichgewicht bist, spürst du den Schmerz darüber. Wenn du etwa für eine lange Zeit im Streit mit jemandem bist oder du jemand anders unrecht tust, wirst du dich innerlich getrennt fühlen und nie vollkommen deine eigene Lebendigkeit erfahren. Für die meisten Menschen ist genau dieses Gefühl der Trennung normal geworden. Sie hinterfragen es gar nicht mehr. Es ist, als würde die Rose ihr Leben lang leugnen, dass sie eine Rose ist, und so tun, als bräuchte sie weder die Erde noch die Sonne, um zu wachsen. Aber auch die schönste Rose kann nicht in der Dunkelheit wachsen.

Wir brauchen Licht und Verbundenheit ebenso wie alle anderen Lebewesen auf dieser Erde. Wir müssen wieder anfangen, wahrhaftig und tief fühlen, wie es uns wirklich geht. Denn unsere Gefühle sind der natürliche Kompass unseres Herzens, der uns immer wieder zurück zu unserer natürlichen Harmonie führt. Unser

Herz zeigt uns immer, wo wir nicht in Einklang sind mit unserer höchsten Natur, und es wird dich immer darin bestärken, das zu heilen und loszulassen, was nicht stimmig ist. All die Schönheit, die du in diesem Garten siehst, ist das Ergebnis eines Lebens in Harmonie. Jeder Mensch hat das natürliche Recht darauf, aufzublühen und sich selbst in seiner ganzen Liebe und Einzigartigkeit zu erfahren. Das ist, wofür wir in Wahrheit hier sind. Nicht für weniger.

Dieser Garten darf dich daran erinnern, wer du wirklich bist. Dein natürlicher Zustand ist es, zu erblühen, zu wachsen und zu lieben. Du kannst diesen Garten als Sinnbild verstehen für deine innere Welt. Das, was du hier in deinem inneren Garten siehst, wirst du auch in deiner äußeren Welt finden. Die meisten Menschen vernachlässigen ihren inneren Garten und schenken ihm kaum Aufmerksamkeit. Sie meinen, ihr Garten sei eh nicht mehr zu retten, sie sehen nie nach ihm. Sie vergessen, ihn mit liebevollen Gedanken und Worten zu pflegen. Sie schicken keine wärmenden Sonnenstrahlen des Mitgefühls dorthin. Sie lockern die Erde nie auf, indem sie Altes loslassen und vergeben. Sie lassen Unkraut einfach wachsen, weil sie ihre negativen Überzeugungen nicht hinterfragen. Sie schauen lieber, wie die Gärten der anderen aussehen, und denken, dass es dort immer schöner ist als bei ihnen selbst. Jeder ist für seinen eigenen Garten verantwortlich. Du bist die Gärtnerin deines inneren Gartens. Niemand außer dir selbst kann diesen Garten pflegen. Ob du dort ein Paradies vorfindest oder einen trostlosen Ort, liegt in deiner Hand. Du musst dich entscheiden, welche innere Welt du erschaffen möchtest. Natürlich braucht das ein bisschen Arbeit und die Bereitschaft, das Unkraut anzusehen und rauszuziehen, damit all das, was darunterliegt, endlich wieder Platz zum Blühen bekommt. Die Natur erholt sich immer. Wir müssen ihr nur die richtigen Rahmenbedingungen geben. Wenn du in diesem inneren Garten wieder die natürliche Harmonie und den Frieden herstellst, wird deine gesamte Welt ein Spiegel davon sein.»

Almas Augen schweiften über den Garten, und die Worte ihres weisen alten Ichs klangen in ihr nach. *Ich bin die Gärtnerin meines inneren Gartens*, wiederholte sie in ihren Gedanken und spürte die Kraft, die darin lag. Sie hatte ihren inneren Garten so sehr vernachlässigt. Nein, nicht nur vernachlässigt. Wenn sie ehrlich war, hatte sie noch nie wirklich bewusst einen Fuß in ihren inneren Garten gesetzt. Es war genauso, wie ihr inneres weises Ich gesagt hatte: Sie hatte sich selbst nie verantwortlich für die Pflege von ihrem inneren Garten gefühlt. Sie hatte ihn einfach dem Zufall überlassen und dort ihren ganzen emotionalen Müll abgestellt, ohne ihn jemals wieder eines Blickes zu würdigen. Aber dass er dort war, spürte sie dennoch jeden Tag.

«Wie werde ich zur Gärtnerin meines inneren Gartens? Ich habe Angst, meinen inneren Garten überhaupt zu betreten, weil es dort, ehrlich gesagt, aussieht wie Kraut und Rüben. Ich wüsste gar nicht, wo ich anfangen sollte aufzuräumen. Ich habe sogar ein richtig schlechtes Gewissen, dass ich ihn so lange vernachlässigt habe», gab Alma nach einer Weile des Nachdenkens zu.

Ihr altes weises Ich lächelte sie liebevoll an. «Komm, gehen wir ein bisschen im Garten spazieren, und ich zeige dir, wie du beginnen kannst, ihn und dich besser kennenzulernen.» Gemeinsam gingen sie die Treppenstufen der Veranda hinunter und folgten dem schmalen Weg mit den weißen Kieselsteinen. «Genauso wie ich eine Möglichkeit deiner Zukunft bin, ist es auch dieser Garten. Ich existiere, weil du in diesem Garten eines Tages begonnen hast, die richtigen Samen zu pflanzen und ihn jeden Tag mit Liebe zu pflegen. Nur was wir mit Liebe behandeln, kann auch wachsen und gedeihen. Du hast in der Gegenwart die Entscheidung getroffen, wieder Verantwortung für deinen inneren Garten zu übernehmen, und angefangen, nicht mehr im Außen danach zu suchen, dich gut zu fühlen. Du hast deinen Blick nach innen gerichtet und dort deinen Wohlfühlort erschaffen. Das ist immer der erste Schritt. Alles beginnt in dir. Nur wenn wir bereit sind, selbst Verantwortung zu übernehmen dafür, wie unsere innere Welt aussieht, können wir sie auch verändern.»

Sie kamen bei der Holzbank unter dem blühenden Baum an und setzen sich. Almas weises altes Ich hob vorsichtig eine der herabgefallenen Blüten in ihre Hände und streichelte zart mit ihren Fingern über die weißen Blätter. «Alle Gedanken, die wir denken, sind wie Samen, die wir in unserem inneren Garten pflanzen. Mit unseren Gefühlen wässern wir diese Samen. Je öfter wir einen bestimmten Gedanken denken, desto präsenter wird dieser in unserem Garten sein. Wenn wir unbewusst durch unser eigenes Leben gehen, säen wir oft negative Gedanken und Überzeugungen, etwa weil wir sie von anderen übernehmen, ohne sie zu hinterfragen. Stell dir vor, wie ein Garten aussieht, in dem jeden Tag Gedanken gepflanzt werden, die auf Überzeugungen beruhen wie ‹Ich bin nicht gut genug›, ‹Ich bin nicht liebenswert›, ‹Ich kann das nicht› oder ‹Jemand anderes ist schuld daran, wie es mir geht›. Wie soll etwas Gesundes erwachsen können, wenn der Samen vergiftet ist?» Sie schwieg für einen Moment und gab Alma die Möglichkeit, über das Gesagte nachzudenken. Dann fragte sie: «Wenn dir vorstellst, deinen jetzigen inneren Garten zu betreten, was siehst du?»

Alma schloss ihre Augen und spürte in sich hinein. Sie konnte sich nicht erinnern, wann sie jemals zuvor ihren inneren Garten bewusst betreten hatte.

Als sie durch die Tür zu ihrem inneren Garten tritt, spürt sie einen Stich in ihrem Herzen. Er sieht nicht mal annähernd so aus wie der Garten von ihrem weisen alten Ich. Es sieht aus wie ein Garten, in dem seit Jahrzehnten niemand mehr gewesen ist. Alles wächst wild durcheinander und ist überwuchert mit Unkraut. Es fühlt sich gar nicht gut an, hier zu sein. Alma überkommt ein Gefühl der Schuld, ihren Garten so vernachlässigt zu haben. Am liebsten will sie hier sofort wieder weg. Sie spürt, wie ihr Tränen in die Augen steigen.

«Alma», hört sie ihr altes weises Ich mit einer sanften Stimme sagen, «erzähl mir, was du siehst.»

Alma atmet tief ein und aus. «Chaos. Da ist Unkraut, das alle anderen Blumen vom Wachsen abhält. Es sieht so trostlos aus. Verkümmert. Ich möchte hier nicht sein. Dieser Ort fühlt sich so kalt und einsam an. Hier ist es weder gemütlich noch liebevoll. Es ist, als wäre noch nie jemand hier gewesen, um sich zu kümmern. Ich fühle mich vollkommen überfordert bei dem Gedanken, wie ich hier etwas so Schönes erschaffen soll wie deinen Garten. Wo soll ich da anfangen? Ich will am liebsten sofort wieder weg», sagte sie mit einem unfassbar schweren Herzen.

Alma spürte die warme Hand auf ihrer Schulter. Sie öffnete ihre Augen wieder und war froh, dass sie von einem so liebevollen, verständnisvollen Blick ihres alten weisen Ichs aufgefangen wurde. «Weißt du», sagte diese wunderbare Frau zu ihr, «jede Veränderung beginnt immer mit dem ersten kleinen Schritt. Du musst jetzt noch überhaupt nicht wissen, wie du den gesamten Garten zum Erblühen bringen kannst. Das Wichtigste ist, dass du dich der Wahrheit stellst und nicht länger darauf wartest, dass jemand anderes in dein Leben kommt und den Garten für dich pflegt. Nur du selbst kannst diesen Ort betreten und verändern. Dieser Ort liebt dich. Er braucht dich. Er wartet nur darauf, dass du dich ihm endlich zuwendest und ihm all das Licht, die Wärme und die Sonne schenkst, die er braucht. Das, was du jetzt gerade in deinem inneren Garten wahrnimmst, ist nichts anderes als das Ergebnis dessen, was du bis jetzt gepflanzt oder eben auch nicht gepflanzt hast. Und es gibt keinen Grund, dass du dich auf irgendeine Art schuldig fühlen musst. Du wusstest ja bisher noch nicht einmal, dass dieser Garten überhaupt existiert. Es hat ihn dir ja nie jemand gezeigt. Und vor allen Dingen hat dir nie jemand beigebracht, wie du ihn pflegen kannst. Anstatt dich schuldig zu fühlen, erlaube dir, die Vergangenheit als deine Lernzeit zu verstehen und dich einer neuen Zukunft zu öffnen. Dein innerer Garten, so wie du ihn jetzt siehst, ist einfach nur das, was bisher war, aber nicht das, was vor dir liegt. Du hast nichts falsch gemacht. Im Gegenteil sogar, alles, was bisher war, hat dich genau zu diesem Moment geführt. Nur wenn wir ehrlich anerkennen, was in unserem Leben nicht funktioniert, und uns unserer inneren Welt mit dem tiefen Wunsch nach Heilung stellen, können wir überhaupt aufblühen. Und natürlich ist es anfangs erst mal ziemlich überfordernd und mühselig, das ganze Unkraut rauszuziehen und die Erde umzugraben, aber ich verspreche dir, es lohnt sich. Außerdem kann Schatten nur dort existieren, wo es auch Licht gibt.»

Ihre strahlenden grünen Augen blickten Alma ganz offen an. Sie konnte nichts als Liebe und Zuversicht darin erkennen. Es kam ihr vor, als würde sie tief in ihre eigene Seele blicken, die voller Vertrauen in das gesamte Leben war. Alma lächelte erleichtert.

«Ich werde dir alles darüber beibringen, wie du deinen Garten zum Blühen bringen kannst, und du wirst sehen, wie unendlich erfüllend dieser Weg zu dir selbst ist. Ich sagte es dir schon, die Natur erholt sich immer. Es gibt nichts, was mit genügend Liebe und Aufmerksamkeit nicht geheilt werden könnte.»

Sie hielt für einen Moment inne und sagte dann: «Ich möchte dir gerne etwas schenken.» Ihr altes weises Ich griff in eine der großen Taschen an ihrem Kleid und zog ein kleines, grün schimmerndes Notizbuch hervor.

Alma erkannte es sofort. Es war genau dasselbe Notizbuch, das ihr vor zwei Tagen mit der Post geschickt worden war und das jetzt gerade auf ihrem Küchentisch lag. Ihr weises altes Ich öffnete das Buch und legte die wunderschöne weiße Blüte, die sie die ganze Zeit in ihren Händen gehalten hatte, sanft auf die erste Seite des Buchs und klappte es dann vorsichtig wieder zu. «Die ersten Seiten dieses Notizbuchs kennst du ja bereits», begann sie mit einem verschmitzten Lächeln zu erklären. «Wie du weißt, wirst du dir dieses Notizbuch eines Tages selbst zuschicken – und damit wird die Reise zu mir beginnen. Dieses Notizbuch ist das größte Geschenk, das du dir selbst in deinem Leben machen wirst. Natürlich fragst du dich jetzt, wie das überhaupt möglich ist, nicht wahr? Dafür musst du lediglich verstehen, dass Zeit nur eine Illusion ist. Denn auch wenn es sich für dich gerade so anfühlt, als würde es eine Vergangenheit, Gegenwart und Zukunft geben, existiert alles in Wahrheit immer nur im Hier und Jetzt. Alles, was ist, ist immer das Jetzt. Dieser Augenblick beinhaltet alle Zeit, allen Raum und alle Dimensionen. Du und ich sind derselbe Mensch, nur in unterschiedlichen Bewusstseinszuständen, die gewählt haben, sich hier in diesem Moment auf der Ebene des Herzens zu treffen. Alles ist miteinander verbunden. Alles ist Energie und Information.»

Sie holte einen Kugelschreiber aus ihrer Kleidtasche, öffnete die nächste unbeschriebene Seite in dem Notizbuch und zeichnete darauf einen Zeitstrahl, der von der linken zur rechten Seite führte. Dann markierte sie einen Punkt im ersten Drittel und schrieb «29 Jahre», markierte einen weiteren Punkt fast am Ende der Linie, worunter sie «91 Jahre» schrieb.

«Normalerweise denken wir, Zeit würde so ablaufen, als ob alles hintereinander passiert. Du bist hier 29 Jahre und ich hier 91 Jahre, richtig?», fragte sie Alma. Alma nickte. Dann drehte sie das Notizbuch um 90 Grad, sodass die Linie nicht mehr horizontal von links nach rechts verlief, sondern jetzt vertikal von unten nach oben. «In Wirklichkeit aber existiert alles immer jetzt, in diesem Moment. Du kannst dich mit deinem Bewusstsein in der Zeit hin und her bewegen, wenn du dich von der Vorstellung gelöst hast, dass alles nur nacheinander passiert», sagte sie strahlend, als gäbe es nichts Logischeres auf der Welt.

«Es existieren also in Wahrheit immer alle Möglichkeiten und alle Zeiten gleichzeitig?», versuchte Alma zusammenzufassen.

«Genau so ist es!» Sie klatschte fröhlich in die Hände. «Aus diesem Grund treffen wir uns jetzt gerade hier, und gleichzeitig kann dieses Notizbuch auf deinem Küchentisch liegen und hier in meiner Hand.» Zufrieden überreichte ihr altes weises Ich Alma das Notizbuch und den Kugelschreiber.

«Ab jetzt kannst du dieses Notizbuch füllen. Schreibe dir alles auf, was du für dich erkennst und was dir rückblickend eines Tages dabei helfen wird, wieder an dich selbst und deine unendliche Schöpferkraft zu glauben.

Stell dir dafür einfach vor, du würdest Briefe an dein Ich aus der Vergangenheit schreiben. Ich lasse dich jetzt erst mal alles in Ruhe verstehen und mache uns einen frischen Tee im Haus. Nimm dir die Zeit, deine Gedanken aufzuschreiben. Wenn du so weit bist, komm einfach zu mir ins Haus, dort wartet dann ein frischer Tee auf dich.» Sie küsste Alma liebevoll auf die Stirn und ging dann zurück zum Haus.

Alma blickte auf das Notizbuch in ihren Händen. Ihr Kopf schien beinahe zu platzen. Um Ordnung in ihre Gedanken zu bekommen, nahm sie den Kugelschreiber, schlug die nächste leere Seite auf und begann, ihre wertvollsten Erkenntnisse aufzuschreiben:

1. *Alles in diesem Universum strebt Harmonie, Wachstum und Gleichgewicht an.*

2. *Es ist unsere Aufgabe, genau dieses Gleichgewicht in uns selbst immer wieder herzustellen und zu wahren.*

3. *Je mehr ich in Harmonie mit allem bin, was ich bin und was mich umgibt, desto mehr werde ich aufblühen.*

4. Die Natur ist eine Meisterin des Loslassens, weil sie weiß, dass sie nur dann wieder aufblühen kann.

5. Meine Gefühle sind der natürliche Kompass meine Herzens.

6. Jeder Mensch hat das natürliche Recht darauf, aufzublühen und sich selbst in seiner ganzen Liebe und Einzigartigkeit zu erfahren.

7. Ich bin verantwortlich für die Pflege von meinem inneren Garten.

8. Nur wenn wir bereit sind, selbst Verantwortung zu übernehmen dafür, wie unsere innere Welt aussieht, können wir sie auch verändern.

9. Alles, was ich mit Liebe berühre, wird aufblühen.

10. Zeit ist eine Illusion. Alles existiert im Hier und Jetzt.

11. Meine Vergangenheit bestimmt nicht meine Zukunft.

KAPITEL 4

Erlaube dir zu heilen

Zufrieden schloss Alma das Notizbuch, legte den Stift beiseite und blickte in den Garten, der sich vor ihr in seiner ganzen Schönheit entfaltete. *Was für ein wunderschöner Ort*, dachte sie und lächelte bei dem Gedanken, dass dieser Ort sinnbildlich für all die Möglichkeiten stand, die jetzt vor ihr lagen. Voller Vorfreude auf die Fortsetzung des Gesprächs mit ihrem weisen zukünftigen Ich erhob sie sich von der Bank. Dabei fiel ihr Blick auf eine kleine goldene Plakette, die in der Mitte der Rückenlehne befestigt war. Sie strich mit den Fingern über die eingravierten, geschwungenen Buchstaben:

Für Liebe ist immer Zeit.

ALMA & NOEL

Noel, wiederholte sie den Namen gedankenverloren und nahm dabei ein warmes vertrautes Gefühl in ihrem Herzen wahr. So, als wären ihr dieser Name und der Mensch, der ihn trug, bereits auf einer tieferen Ebene begegnet.

Sie spürte, wie alles in ihrem Körper zu kribbeln begann bei dem Gedanken, dass sie vielleicht wirklich eines Tages ihrer wahren großen Liebe begegnen würde. Sie musste bei dem Gedanken unwillkürlich lächeln und war nun noch aufgeregter, sich mit ihrem weisen Ich auszutauschen. Alma ging den kleinen Weg durch den Garten zum Haus zurück und sprang beinahe die Treppenstufen zur Veranda hinauf. Da sie ihr weises altes Ich nicht auf der Veranda sehen konnte, beschloss sie, im Haus nach ihr zu suchen. Die Tür stand weit offen, und nur die weißen Vorhänge wehten tanzend nach draußen. Als sie eintrat, fand sie sich in einem großen Wohnzimmer wieder. Sie hielt für einen Moment inne und blickte sich um. Der Raum war viel größer, als es von außen zu vermuten war. Dadurch, dass die Fenster bis zum Boden reichten, durchflutete das warme Sonnenlicht den gesamten Raum mit einem hellen goldenen Licht. Der Boden wie auch die Wände waren aus weißen Dielen, und die Decke reichte bis oben zu den Holzbalken vom Dach. In der Mitte des Zimmers stand eine große gemütliche Couch, auf der bunte Kissen lagen und eine kuschelige Decke, die über die Lehne hing. Von dort aus hatte man sicher einen perfekten Blick aus der geöffneten Verandatür über den gesamten Garten. Neben der Couch befand sich ein geflochtener Korbsessel. Davor stand ein Holztisch. An den Wänden links standen zwischen den Fenstern Regale, die bis oben hin gefüllt waren mit Büchern und Fotorahmen. Auf der rechten Seite des Zimmers stand ein großer Esstisch, auf dem in einer Vase ein bunter Strauß frischgepflückter Blumen stand, und an der Wand dahinter hing ein wunderschönes altes Holzsurfbrett, das am unteren Ende bunt angemalt war. Alles wirkte vollkommen harmonisch und so, als ob es der perfekte Raum wäre, um die eigene Seele baumeln zu lassen und abends entspannt ein gutes Buch zu lesen. Alma strich mit den Fingern über das schon leicht abgenutzte Holz des Tisches und sog die Energie von diesem Raum in sich auf. Dann ging sie hinüber zu den Bücherregalen. Zu ihrer Überraschung waren die Bilderrahmen, die zum Teil vor den Büchern standen, vollkommen leer, ohne Fotos oder andere Erinnerungen darin.

Sie nahm gerade einen der Bilderrahmen in ihre Hand, als sie die warme Stimme von ihrem weisen alten Ich hinter sich wahrnahm.

«Alma, herzlich willkommen in unserem wunderschönen Wohnzimmer. Gefällt es dir?» Sie drehte sich einmal um sich selbst und machte dabei eine einladende Geste mit ihrer Hand durch den gesamten Raum.

«Ja, es ist einfach perfekt!», antwortete Alma lachend. Dann fiel der Blick von ihrem alten weisen Ich auf den leeren Bilderrahmen, den Alma gerade in ihren Händen hielt.

«Das Beste hast du auch schon entdeckt. Die Bilderrahmen sind noch leer, weil sie auf dich und deine Träume gewartet haben. Komm, setz dich an den Tisch. Ich hol uns schnell den Tee, und dann beginnen wir, deine Bilderrahmen zu füllen. Wie hört sich das an?», fragte sie mit der Vorfreude eines Kindes, das weiß, dass es gleich seine Geschenke auspacken darf. Auch wenn Alma mittlerweile aufgehört hatte, sich über irgendetwas hier an diesem Ort zu wundern, so kam es ihr doch ziemlich merkwürdig vor, dass die Bilderrahmen auf sie und ihre Träume gewartet hatten. Was genau hatte das zu bedeuten? Und um was für Träume sollte es hierbei bitte gehen? Alma hatte keine großen Träume. Sie war einfach froh, wenn das ständige Männerdrama in ihrem Leben aufhörte, sie einen Job finden würde, bei dem sie genug Geld verdiente, um über die Runden zu kommen, und sie generell das Gefühl hätte, ihr Leben wäre nicht ein vollkommenes Chaos. Aber das zählte wohl kaum zu den Dingen, die man in einem Bilderrahmen verewigte. *Was soll's*, dachte sie sich. Ihr weises altes Ich hatte ihr in den letzten Tagen bereits so oft die Augen geöffnet, dass sie mit Sicherheit auch jetzt etwas erfahren würde, das ihr vorher einfach nie in den Sinn gekommen wäre.

Während Alma ihren Gedanken nachgehangen hatte, war ihr altes weises Ich schon wieder mit zwei Tassen warmem Tee zurück bei ihr im Wohnzimmer und stellte sie auf dem kleinen Tisch vor der Couch ab.

«Komm, setz dich hier zu mir», ermunterte sie Alma und klopfte auf den Platz neben sich.

Alma machte es sich gehorsam neben ihrem wundersamen zukünftigen Ich gemütlich und nahm einen Schluck des angenehm duftenden Tees. Ihr weises altes Ich nahm den leeren Bilderrahmen in die Hände, den Alma zuvor aus dem Bücherregal genommen hatte, und es schien, als lächelte sie den Bilderrahmen beinahe dankbar an, so als würde sie ein Bild darin sehen, das für Almas Augen vollkommen unsichtbar war.

Sie blickte mit ihren strahlenden Augen zu Alma und begann zu erklären: «Das Wertvollste, was du dir jemals selbst schenken kannst, ist, an eine Zukunft zu glauben, die mehr für dich bereithält als deine Vergangenheit. An eine Zukunft, die durch dich erschaffen wird, basierend auf dem, was du dir wirklich von Herzen wünschst, und nicht auf dem, was du nur versuchst zu vermeiden. Denn deine Zukunft ist kein Zufall. Sie wird zum größten Teil von dir selbst kreiert. Die meisten Menschen glauben, dass ihr Leben letztlich nichts anderes ist als die Verlängerung ihres bisherigen Lebens. Sie erleben jeden Tag dasselbe, nicht weil das Leben nicht mehr für sie bereithalten würde, sondern schlicht und einfach deswegen, weil sie aufgehört haben, daran zu glauben, dass morgen etwas Besseres auf sie wartet als das, was gestern war. Anstatt bewusst schöpferisch zu werden, verharren sie in einem Zustand der Vermeidung. Sie versuchen, ihre Zukunft nur noch danach ausrichten, Schmerz zu vermeiden, anstatt Erfüllung zu erschaffen. Das klingt vielleicht erst mal nicht nach einem großen Unterschied, aber in Wahrheit werden dich diese beiden Wege, das Leben zu führen, an zwei vollkommen unterschiedliche Orte führen. Denn das Leben danach auszurichten, nur Schmerz und Fehler zu vermeiden, ist, als würdest du im Restaurant versuchen, etwas zu bestellen, aber dem Kellner nur aufzählen, was du von dem, was auf der Karte steht, alles nicht möchtest. Der Kellner wird dir dann entweder gar nichts bringen oder etwas, was du nicht magst oder aber jedenfalls nicht besonders gerne. Dein Lieblingsessen solltest du nicht erwarten.

Genauso ist es, wenn du versuchst, durch dein Leben zu gehen und einfach nur Schmerz oder Verletzungen zu vermeiden. Du sagst dem Leben alles, was du nicht willst, aber du sagst dem Leben nicht, was du willst. Sich dafür zu entscheiden, bewusst Erfüllung im eigenen Leben zu erschaffen, bedeutet, ganz klar zu sagen, was du möchtest – denn nur dann kann es zu dir kommen.

Ich weiß, dass du bereits vor langer Zeit aufgehört hast zu glauben, dass du dir selbst ein erfülltes Leben erschaffen kannst. Ich weiß, dass du an dir zweifelst und dein größtes Ziel gerade ist, einfach einigermaßen durchs Leben zu kommen. Aber, mein Herz, dafür bist du nicht hier in diesem Leben. Du bist nicht hier, um einfach irgendwie durch dein Leben zu kommen. Dieses Leben wartet darauf, von dir erschaffen zu werden. Es ist dabei jedoch völlig von dir abhängig, denn es wird dir immer nur das bringen können, wonach du fragst. So wie dir der Kellner auch nur das bringen kann, was du bestellst. Und wenn du ihm nur sagst, was du alles nicht willst, wird er dir nichts bringen. Wahrscheinlich würdest du danach sogar sagen: ‹In dieses Restaurant gehe ich nie wieder! So eine Enttäuschung›, dabei hat der Kellner nichts falsch gemacht, er hat einfach nur nicht gewusst, was du möchtest.

So viele Menschen gehen durch ihr Leben und sagen: ‹Dieses Leben ist so eine Enttäuschung!›, ohne zu merken, dass nicht das Leben sie enttäuscht, sondern dass sie dem Leben nie die Chance gegeben haben, sich für sie erfüllend anstatt enttäuschend anzufühlen. Sie wissen alles, was sie nicht wollen, aber sie formulieren nie klar, was sie wirklich wollen. Es liegt also nicht am Leben, es liegt an uns selbst oder, besser gesagt, in uns selbst, wie wir dieses Leben erfahren. Jeder Mensch formt über sich selbst unbewusst eine Meinung, die er ab einem bestimmten Punkt nicht mehr hinterfragt und die dann zu der eigenen Identität wird. Diese Identität über sich selbst beginnt immer mit den beiden Worten: ICH BIN. Diese beiden Worte sind der erste Teil einer unendlich schöpferischen Formel, über deren Effekt sich nur die wenigsten wirklich bewusst sind. Denn alles, was wir auf diese beiden Worte folgen lassen, wird unsere Realität erschaffen. Je nachdem, was die eigene schöpferische ICH BIN-Formel ist, werden wir uns ein Leben in Erfüllung und Leichtigkeit oder in Enttäuschung und Mangel erschaffen. Es gibt nichts Wesentlicheres, als das zu verstehen.

Du siehst die Welt immer durch deinen ganz eigenen Filter, der darauf basiert, was du über dich selbst glaubst. Da wir unsere eigene Identität, also unser ICH BIN, ab einem bestimmten Zeitpunkt nicht mehr hinterfragen und es vollkommen normal für uns geworden ist, zum Beispiel abwertend oder negativ über uns selbst zu denken, glauben wir, auch nichts ändern zu können. Woher sollen wir es auch wissen? Wir leben ja nur in unserem eigenen Kopf und hören nur unsere eigenen Gedanken. Was ist aber, wenn es eine vollkommen andere Möglichkeit gibt, über sich selbst zu denken und zu fühlen? Und genau hier beginnt jetzt die Magie des Lebens. Was wäre, wenn das, was du über dich selbst glaubst, gar nicht stimmt? Was wäre, wenn du nur eine neue Überzeugung in dir selbst über dich selbst erlauben müsstest und dadurch alles veränderst? Und nicht nur das – was wäre, wenn es tief in dir verborgen unter all den Selbstzweifeln immer eine höhere Wahrheit über dich gegeben hat und du sie nur vergessen hast? Was wäre, wenn du dich einfach nur daran erinnern bräuchtest, dass deine Identität Liebe ist? Stell dir vor, du könntest dieses Wissen über dich selbst wieder vollkommen annehmen und beginnen, danach zu leben. Würde das nicht alles ändern?

Aber fangen wir vorne an. Es ist wichtig, dass wir hier nichts überspringen. Alma, wenn du in diesem Moment ehrlich in dich selbst hineinfühlst und verstanden hast, dass jeder Mensch im Laufe seines Lebens eine Identität über sich selbst formt, die er nicht mehr hinterfragt, was glaubst du über dich? Was ist dein ICH BIN?»

Sie hielt inne, um Alma die Zeit zu geben, über ihre Worte nachzudenken. *Was ist mein ICH BIN?*, fragte sich Alma in Gedanken und versuchte, tief in sich selbst zu blicken. Sie spürte bei dieser Frage, wie sich ihr Bauch zusammenzog und sie eine tiefe Traurigkeit überkam. Die Frage spülte in ihr etwas an die Oberfläche, was sie so lange bereits unbewusst gefühlt hatte und was ihr ganzes Leben beeinflusst hatte, aber was sie immer versucht hatte zu überspielen. Wenn sie ehrlich in sich hineinfühlte, war die schmerzhafte Antwort über ihr ICH BIN: *Ich bin nicht gut genug.*

Sie hatte ihr Leben lang das Gefühl gehabt, nicht gut genug zu sein, und war immer auf der Suche danach gewesen, dieses einengende Gefühl der Bedürftigkeit, das dahinterlag, irgendwie zu füllen. Sie konnte plötzlich sehen, wie sie immer wieder versucht hatte, dieses Gefühl der inneren Leere zu füllen, indem sie jemanden hatte finden wollen, der sie wirklich liebte, und dabei aber immer nur Männer in ihr Leben gezogen hatte, die stattdessen das Gefühl, nicht gut genug zu sein, wieder und wieder in ihr bestätigt hatten. Entweder weil sie von ihnen betrogen wurde oder sie nach kurzer Zeit einfach kein Interesse mehr an ihr hatten. Wie sollte sie aber auch jemals jemand wahrhaftig lieben können, wenn sie selbst so weit von der Liebe zu sich selbst entfernt war?

Im Job hatte sie versucht, durch ihren Perfektionismus irgendwie ihre Angst davor zu verbergen, dass es auffliegen könnte, eigentlich gar nicht gut genug für den Job zu sein. Das endete jedes Mal damit, dass sie vollkommen erschöpft und nie zufrieden in einem Job war. Stattdessen hatte sie ständig Angst davor, dass es eines Tages zum Vorschein kommen würde, dass sie eigentlich gar nichts wusste, und sie gekündigt wurde. Sie war wie getrieben von der Angst, nie genug zu sein. *Ja*, dachte Alma, *ich habe immer nur versucht, Schmerz zu vermeiden oder ihn irgendwie zu betäuben, anstatt bewusst schöpferisch in meinem Leben zu sein.*

Plötzlich setzte sich ihr Leben wie ein Mosaik vor ihr zusammen, und sie konnte erkennen, wie ihre *Ich bin nicht gut genug*-Identität alles in ihrem Leben erschwert hatte und sie nur damit beschäftigt gewesen war, sich zu verstellen, anstatt herauszufinden, wer sie selbst war.

Sie blickte auf und bemerkte, wie ihr altes weises Ich sie mit ihrem liebevollen Blick beobachtete. Sie fasste sich ein Herz und begann, mit ihr ihre Gedanken zu teilen. Sie erzählte ihr davon, dass sie – seit sie sich daran erinnern konnte – immer das Gefühl gehabt hatte, nicht gut genug zu sein, und ständig versucht hatte, diesen Mangel auszugleichen. Sie erzählte ihr davon, dass sie keine Träume in ihrem Leben hatte, weil sie gar nicht daran glaubte, dass es überhaupt für sie möglich sei, sie zu erfüllen. Sie erzählte ihr von ihrer Angst, als ein *Nicht-gut-Genug* aufzufliegen, und dass sie vollkommen erschöpft war. Sie erzählte ihr von all den Schwierigkeiten, die sie in ihren Beziehungen immer wieder gehabt hatte und dass ihr schon so oft das Herz gebrochen worden war.

Als sie das ausgesprochen hatte, fühlte sie sich richtig erleichtert. Sie hatte all diese Gedanken zum ersten Mal und endlich einmal offenbart. Es war, als hätten sie allein dadurch schon ein wenig an Macht über sie verloren. Sie waren entlarvt. Alma atmete tief aus und spürte, wie eine uralte Anspannung von ihr abfiel.

Ihr weises altes Ich strich ihr über die Wange und sagte: «Danke, dass du all das mit mir teilst. Danke für deinen Mut, ehrlich hinzusehen und zu erkennen, was dich so lange innerlich gefangen gehalten hat. Durch deine inneren Überzeugungen hast du bestimmte Erfahrungen gemacht. Aber nicht gut genug zu sein, ist eben eine Überzeugung, es ist nicht, was du bist. Es ist wie ein Mantel, den du dir irgendwann überlegt hast, weil du dachtest, dass er dich vor den Stürmen des Lebens schützen würde. Und das hat er mit Sicherheit auch, kurzzeitig war es sicher bequem darunter. Aber die Stürme sind vorüber, und der Mantel passt nicht mehr. Du brauchst ihn nun nicht mehr, und du kannst wählen, ihn endlich abzulegen – auch wenn er sich nach dieser langen Tragezeit wie deine zweite Haut anfühlt und du dich gar nicht mehr daran erinnern kannst, ohne ihn durch dein Leben zu gehen. Und natürlich ist da auch noch deine Angst, was passiert, wenn du den Mantel nicht mehr trägst, die Angst davor, ein Risiko einzugehen. Das ist ganz verständlich, und es ist auch ein innerer Prozess, sich langsam von diesen alten Überzeugungen über sich selbst zu lösen und eine neue Überzeugung in sich selbst zu stärken. Es beginnt aber alles damit, dir bewusst darüber zu werden, *dass* du einen Mantel trägst und dass du ihn ausziehen kannst. Diese Erkenntnis über dich selbst kann dir nie wieder genommen werden kann.

Wenn du einmal eine gewisse Stufe deines eigenen Bewusstseins erreicht hast und klar sehen kannst, was unter der Oberfläche war, wirst du dich selbst nicht mehr belügen können. Du trägst danach unumkehrbar das Wissen in dir, dass es nicht das Leben ist, das unfair oder gemein ist. Es waren deine Überzeugungen, die dazu geführt haben, dass du immer wieder ganz bestimmte Gedanken über dich gedacht hast, die dich auf eine ganz bestimmte Art und Weise fühlen ließen, wodurch du dich auf eine ganz bestimmte Art und Weise verhalten hast, die wiederum dazu führte, dass du dich noch weiter darin bestätigt hast, nicht gut genug zu sein. Es ist wie ein Kreislauf, der sich immer weiter fortsetzt, bis zu dem Moment, in dem wir uns über ihn bewusst werden. Und weißt du, was das Gute daran ist? Du kannst genau diesen Kreislauf auch für dich nutzen. Denn er funktioniert auch im Positiven, wenn du nämlich beginnst, deine Überzeugungen und deine Identität auf Liebe auszurichten.

Das ist, was ich ein Wunder nenne. Jedes Mal, wenn du dein Bewusstsein von Angst hin zu Liebe veränderst, geschieht ein Wunder. Jedes Mal, wenn du dich bewusst mit deiner schöpferischen Kraft verbindest, geschieht ein Wunder. Wunder sind nichts, was uns durch einen glücklichen Zufall vor die Füße fällt. Wunder erschaffen wir selbst. Deine Träume werden alle zu dir zurückfinden und sich dir zeigen, wenn du beginnst, wieder an Wunder zu glauben. Deine innere Bereitschaft, wieder Ja zu einem wundervollen Leben zu sagen, ist der wichtigste Punkt für einen Neubeginn. Bist du bereit, wieder an Wunder zu glauben, Alma?», fragte das weise alte Ich Alma mit einem Funkeln in den Augen.

«Ja, das bin ich so sehr. Ich will nichts mehr, als endlich raus aus diesem Gefühl zu kommen, dass ich alles immer nur vermassel und zu nichts zu gebrauchen bin.

Ich sehne mich nach wahrer Liebe, nach dem Gefühl, selbstbewusst durch mein Leben zu gehen und endlich einfach glücklich zu sein. Ich möchte so sehr an Wunder glauben, aber ist das wirklich möglich? Meinst du wirklich, dass ich all das in mir ändern kann und dass mein Leben eine neue Richtung einnimmt? Es fällt mir so wahnsinnig schwer, wirklich daran zu glauben!», seufzte Alma, zerrissen zwischen dem, was sie sich wünschte, und dem, was sie bisher in ihrem Leben erlebt hatte.

«Nun, mit deiner alten Überzeugung, nicht gut genug zu sein, wirst du wahrscheinlich nicht die Wunder in deinem Leben erschaffen können, die du dir wünschst. Aus Mangel kann keine Fülle entstehen. Aber aus Fülle entsteht immer mehr Fülle. Du musst nun zunächst einmal die emotionalen Verletzungen in dir heilen, die dazu geführt haben, dass du überhaupt vergessen konntest, wer du in Wahrheit bist. Denn, wie gesagt, die Überzeugung, nicht gut genug zu sein, ist nichts anderes als ein Schutzmantel, unter dem du dich versteckt hast. Du bist aber nicht mit diesem Mantel auf die Welt gekommen.

Heilung ist ein Prozess des Loslassens und des Abstreifens all dessen, was in Wahrheit gar nicht zu dir gehört. Zu heilen bedeutet *nicht*, danach zu streben, anders oder besser sein zu müssen. Zu heilen bedeutet, wieder vollkommen gesund zu werden, und Gesundheit ist dein natürlicher Zustand. Wenn du diese alten Verletzungen in dir heilst, wirst du auf ganz natürliche Art und Weise zu einer unendlich liebevollen Überzeugung über dich selbst zurückfinden. Und diese wahrhaftige Überzeugung über dich selbst wird zukünftig, als ganz natürlicher Effekt, Wunder in deinem Leben erschaffen. Denn sie ist mehr als nur eine Überzeugung. Sie ist die Rückkehr zu deiner wahren Natur und zu deiner Essenz. In Verbindung mit deiner Essenz wird es dein natürlicher Zustand sein, Wunder in deinem Leben zu erschaffen, weil sich deine gesamte Schwingung von Mangel hin zu Fülle verändert haben wird. Und diese Fülle wird sich über deinem gesamten Leben wie ein Regenbogen ausbreiten und alles in den buntesten Farben zum Strahlen bringen.

Es gibt rein gar nichts, was dir und einem erfüllten Leben im Weg steht – außer bisher du dir selbst. Die Liebe war nie aus deinem Leben verschwunden, sie war immer da. Heilung bedeutet, der Liebe wieder die Türe zu öffnen und sie in dein Leben zurückkehren zu lassen.»

Almas weises altes Ich legte den leeren Bilderrahmen zurück auf den kleinen Tisch vor der Couch. Dann nahm sie liebevoll Almas Hände in ihre. Alma spürte die angenehme Wärme, die Liebe und die Ruhe, die von den weichen Händen ihres weisen alten Ichs auf sie übertragen wurden.

«Bevor wir all die Bilderrahmen mit den Bildern deiner Träume füllen, möchte ich mit dir eine innere Heilungsreise in deine Vergangenheit machen. Denn nur wenn du in Frieden mit deiner Vergangenheit bist und dein Herz beginnen darf zu heilen, wirst du frei sein, um wieder aus der Liebe und nicht mehr aus der Angst heraus zu erschaffen. Ich werde die ganze Zeit an deiner Seite sein und dich führen. Du wirst mit mir zusammen für diese Heilung in den Moment deiner Vergangenheit zurückkreisen, als du das erste Mal über dich selbst begonnen hast zu glauben, du seist nicht liebenswert und nicht gut genug.»

Auch wenn Alma Angst davor spürte, sich an diese Erfahrung zu erinnern, wusste sie intuitiv, dass sie dennoch bereit dafür war – wenn es bedeutete, endlich heilen zu dürfen und nicht länger an diesem alten Schmerz festzuhalten. Sie wusste, dass es der einzige Weg für eine erfüllte Zukunft war, Frieden mit der Vergangenheit zu schließen und nicht länger vor ihren Gefühlen davonzulaufen. Sie blickte ihrem weisen alten Ich in die Augen, die sie voller Zuversicht anstrahlten. Alma nickte, um zu zeigen, dass sie bereit für diese gemeinsame Reise war. Sie war bereit, noch tiefer in ihre innere Welt zu einzutauchen und das zu heilen, was schon so lange in ihr geheilt werden wollte.

Ihr weises altes Ich verstand und begann weiterzusprechen: «Schließe deine Augen und spüre deinen Herzschlag. Nimm wahr, dass du vollkommen sicher und geborgen bist. Ich bin bei dir. Ich bleibe bei dir. Verbinde dich jetzt mit dem Gefühl in dir, nicht gut genug zu sein. Wo kannst du dieses Gefühl in deinem Körper wahrnehmen? Wie fühlt es sich an? Nimm es, so gut du kannst, wahr. Stell dir jetzt vor, dass an dieses Gefühl ein energetisches Seil gebunden ist, das zurück in deine Vergangenheit führt, und dass du diesem Seil folgen kannst. Dieses energetische Seil führt dich durch all die Momente in deinem Leben, in denen du das Gefühl, nicht gut genug zu sein, gefühlt hast und in denen es verstärkt worden ist. Stell dir vor, wie all diese Momente an dir vorbeiziehen, und nimm dabei einfach nur wahr, dass dieser eine Gedanke bereits so lange in deinem Leben ist und unbewusst so viele Erfahrungen von dir beeinflusst hat. Folge dem Seil immer weiter und weiter in deine Vergangenheit. Sieh, wie du immer jünger wirst und immer weiter zurückkreist. Gleich wirst du am Ende des Seils ankommen. Das ist der erste Moment in deinem Leben, in dem du begonnen hast zu glauben, nicht gut genug zu sein. Komme jetzt in genau diesem Moment an. Sieh, wie die Energie dieses Gedankens hier ihren Ursprung hat. Stell dir vor, wie du diesen Moment von außen betrachten kannst, so als würdest du ihn auf einer Bühne in einem Theaterstück sehen. Ich bin bei dir. Ich stehe neben dir. Sieh dich selbst als kleines Mädchen. Nimm wahr, was in diesem Moment passiert. Was kannst du sehen?»

«Ich sehe mich selbst, als ich ungefähr vier Jahre alt bin. Ich bin in meinem Kinderzimmer und höre, wie meine Eltern unten im Flur streiten. Sie sagen sehr gemeine Dinge zueinander. Sie streiten sehr oft, aber heute ist es besonders schlimm. Meine Mutter ist traurig und weint. Ich glaube, sie ist betrunken. Das war sie oft, als ich klein war. Mein Vater ist sehr wütend und wird laut. Ich verstehe nicht genau, warum sie sich streiten, aber ich habe Angst und möchte, dass sie aufhören, so gemein zueinander zu sein. Ich sitze hinter meiner Kinderzimmertür und halte meinen Kuschelhasen ganz fest in meinem Arm, damit er mich beschützt. Dann höre ich, wie mein Vater die Treppe hinaufkommt und ins Schlafzimmer geht, seinen Schrank öffnet und seinen Koffer packt. Danach höre ich, wie er vor meiner Tür stehen bleibt. Kurz ist es ganz ruhig. Ich glaube, er legt seine Hand auf die Türklinke, aber er öffnet die Türe nicht. Dann flüstert er ganz leise durch die Tür: ‹Es tut mir so leid.› Die Worte schnüren mir den Hals zu. Auch wenn er es nicht ausgesprochen hat, aber ich weiß, dass seine Worte ein Abschied für immer sind. Er wird gehen und nicht mehr wiederkommen. Ich will die Tür aufreißen und mit ihm zusammen gehen, aber ich kann nicht aufstehen. Ich bin wie gelähmt. Ich zittere am ganzen Körper. Ich höre seine Schritte, wie er den Flur entlanggeht mit dem Koffer hinter sich, wie er die Treppe hinuntergeht, die Haustür öffnet und hinter sich schließt. Dann höre ich den Motor von seinem Auto und wie das Auto aus unserer Ausfahrt wegfährt.

Ich bekomme kaum Luft. Mir laufen die Tränen übers Gesicht. Ich verstehe das alles nicht. Wieso lässt er mich alleine? Wieso geht er ohne mich? Wieso nimmt er mich nicht mit? Ich presse den Kuschelhasen so fest an mich, dass es in meinen Händen weh tut. Dann höre ich meine Mutter, wie sie beginnt, noch heftiger zu weinen. Nach einer Weile wird es ganz still im Haus. Ich bleibe wie versteinert an meiner Tür sitzen. Alles tut mir weh. Ich will wegrennen, aber kann mich einfach nicht bewegen.

Irgendwann stehe ich vorsichtig auf und öffne meine Tür, um nach meiner Mutter zu sehen. Sie sitzt auf der untersten Treppenstufe und hat eine Flasche Alkohol in der Hand. Wie vernebelt schaut sie an die Tür, so als würde sie darauf warten, dass sie sich jeden Moment wieder öffnet und er zurückkommt. Das wird er aber nicht. Er ist weg. Er wird nie wieder durch diese Tür kommen. Für immer. Ich weiß es. Ich fühle es, und es bricht mir das Herz. Ich schließe meine Tür leise wieder und lege mich unter die Bettdecke in mein Bett, um mich vor der Welt und dem Leben zu verstecken. Ich fühle mich unendlich leer, einsam und verlassen. Mein Herz pocht, und ich bebe innerlich vor Wut und

Erlaube dir zu heilen

• 85 •

Traurigkeit. Ich weiß nicht, wohin ich mit all diesem Schmerz soll. Ich habe Angst, daran zu zerbrechen.»

Alma spürte, wie dieser alte Schmerz in ihr wieder so präsent war wie an diesem Tag ihrer Kindheit. Die Panik davor, verlassen zu werden und vollkommen alleine zu sein, überkam sie wie eine Welle. Sie erinnerte sich daran, wie sich in diesem Moment das Gefühl, wertlos und ungeliebt zu sein, tief in ihr Herzen eingebrannt hatte. Wie dieses Gefühl sie gezeichnet hatte. Alles, was sie wollte, war, der kleinen Alma dabei zu helfen, diesen Schmerz zu heilen.

Dann hörte sie die sanfte Stimme von ihrem weisen Ich, die wie aus der Ferne langsam zu ihr vordrang: «Wir werden gleich zusammen zu der kleinen Alma gehen und ihr helfen, diese tiefe Verletzung zu heilen. Bevor wir das tun, ist es wichtig, dass du vorher noch eine wichtige Erkenntnis über dich selbst erhältst. Dafür werden wir jetzt noch tiefer in deine innere Welt eintauchen und weiter in der Zeit zurückgehen.

Stell dir hierfür vor, wie du über deinem eigenen Leben schwebst und von oben auf dich selbst blicken kannst. Schwebe jetzt weiter in der Zeit zurück. Sieh, wie du deinen dritten Geburtstag feierst, wie du lernst, Fahrrad zu fahren, wie du voller Neugierde dem Leben begegnest, wie du deine ersten Schritte machst und jetzt deinen ersten Geburtstag sehen kannst. Schwebe immer weiter zurück, bis du an dem heiligsten Tag deines Lebens ankommst, dem Tag deiner Geburt. Stell dir vor, wie du in diesen wundervollen Moment hinunterschwebst und jetzt, vollkommen präsent, bei deiner eigenen Geburt dabei bist. Sieh, wie du geboren wirst. Höre, wie du deinen ersten Atemzug nimmst. Hier beginnt deine Lebensreise.

Und jetzt stell dir vor, wie du dich selbst in den Arm nimmst und anblickst. In diesem Moment öffnet das kleine wunderschöne Baby in deinem Arm die Augen und sieht dich an. Du siehst tief in die Seele von dir selbst. Du siehst plötzlich ganz klar, wer du wirklich bist. Du erkennst, dass du reiner Ausdruck von Liebe bist. Alles an dir und in dir ist Liebe. Du siehst dich selbst als dieses vollkommene kleine neugeborene Wesen und weißt, dass alles an dir perfekt ist. Es gibt nichts, was dir fehlt. Du bist nicht nur genug, du bist vollkommen.

Was wünschst du diesem kleinen Baby in deinem Arm? Welches Leben möchtest du, dass das Baby haben wird? Kannst du dir vorstellen, dass die Frau, die dieses Baby eines Tages sein wird, ihr Leben nicht wirklich lebt und den Glauben an sich verliert? Oder siehst du in den Augen des Babys die Klarheit über die Kraft deiner eigenen Liebe fürs Leben? Was ist der größte Wunsch, den du für das Baby hast? Verbinde dich ganz bewusst und tief mit deiner Wahrheit. Mit der Wahrheit über die Wahl, die du seit dem Moment deiner Geburt hast, darüber, wer du in deinem Leben sein möchtest. Heute kehrst du zurück an diesen heiligen Tag deiner Geburt, um deine Wahl neu treffen zu können. Vielleicht kannst du bereits spüren, wie alles, was in deinem Leben noch vor dir liegt, einen Sinn ergibt. Spüre, dass dieses Leben Herausforderungen für dich bereithalten wird – aber nicht, weil es gegen dich ist oder weil du nicht genug bist, sondern gerade weil du genug bist. Weil du stark genug bist. Weil du weise genug bist. Weil du genug Liebe in dir trägst. Verbinde dich mit dieser Wahrheit deines Herzens.»

Alma war so unendlich berührt von dieser Verbindung zu ihrer eigenen Geburt und dem Gefühl, sich selbst als Baby in den Armen zu halten. Ihr liefen Tränen der Liebe über ihre Wangen. Sie konnte plötzlich sehen, konnte fühlen, dass sie niemals alleine, sondern sie selbst bei sich gewesen und dass immer Liebe um sie herum gewesen war.

Ihr weises altes Ich stand neben ihr und legte ihre weichen, warmen Hände auf das Herz des Babys und flüsterte ihr sanft zu: «Du bist über alles geliebt. Wir sind immer bei dir. Unsere Liebe begleitet dich. Alles, was du brauchst, ist bereits in dir.» Alma schien es, als würden diese Worte in genau diesem Moment auch in ihrem Herzen alles in ihr zum Strahlen bringen. Es fühlte sich an, als würde sie sich an eine uralte Wahrheit erinnern, die jetzt wieder zum Vorschein kommen durfte. *Ich war nie allein*, dachte sie und konnte es das erste Mal in ihrem gesamten Leben wirklich fühlen.

«Es ist Zeit weiterzugehen», hörte sie die leise Stimme von ihrem weisen alten Ich, die ihr die Hand vorsichtig auf den Arm legte.

Alma gab dem kleinen neugeborenen Baby in ihrem Arm einen liebevollen Kuss auf die Stirn, und auch wenn sie wusste, welche Herausforderungen noch auf dem Weg von diesem kleinen Baby liegen würden, wusste sie gleichzeitig auch, dass sie wieder hier in diesem magischen Moment zusammenkommen würden und alles einen Sinn ergab. Es würden am Ende genau die schmerzhaften Erfahrungen und Herausforderungen in ihrem Leben sein, die sie zu sich selbst zurückführen würden, so als wären sie ein Portal in ihre Seele. Sie hatte nun einen vollkommen neuen Blick auf sich selbst und alles, was sie erleben würde. Sie hatte keine Angst mehr. Sie verabschiedete sich von dem Baby und speicherte diesen Augenblick tief in ihrem Herzen ein. Sie fühlte sich vollständig und mit einer tieferen Weisheit in sich selbst verbunden.

«Stell dir vor, wie du jetzt langsam diesen magischen Moment deiner Geburt verlässt und zurück in den Augenblick schwebst, den du vorhin bereits gesehen hast. Sieh dich selbst wieder als vierjähriges Mädchen, wie du in deinem Bett liegst und dich einsam fühlst und glaubst, nicht gut genug zu sein. Stell dir vor, wie du dich an das Bett setzt und mit deinem jüngeren Ich sprichst. Sie hat gerade eine unglaublich schmerzhafte Erfahrung gemacht, und weil sie in diesem Moment nicht weiß, wie sie damit umgehen soll, wendet sie all den Schmerz gegen sich selbst. Sie hat Angst davor, an dem Schmerz zu zerbrechen. Der einzige Weg, diesen Schmerz zu heilen, ist es, ihn zu fühlen und ihm eine neue Bedeutung zu geben. Erlaube dem Schmerz und all den Gefühlen, die in dir hochkommen, da zu sein. Sie gehören zu deinen Erfahrungen.

Verletzungen im Laufe unseres Lebens zu erfahren ist unvermeidbar, aber wie lange wir an dem Schmerz festhalten, ist eine Entscheidung. Nur wenn du deinem Herzen erlaubst zu fühlen, was noch weh tut, kann die Verletzung überhaupt heilen. Vertraue deiner Fähigkeit, durch jeden Schmerz hindurchgehen zu können und danach weiser und stärker zu sein. Denn auch wenn wir glauben, unser Herz würde zerspringen vor Schmerz, ist genau dieser Prozess in Wahrheit das Tor zur Heilung und zu der größten Liebe. Es gibt nichts, was dein Herz nicht heilen könnte. Denn dein Herz ist deine innere Quelle der Liebe, und diese Liebe ist unendlich.»

Alma verstand, was ihr weises altes Ich ihr sagte, und legte ihre Hand voller Vertrauen auf das Herz von ihrem kleinen Ich und schloss ihre Augen. Sie erinnerte sich mit all ihren Sinnen an diesen Moment, an die Leere in ihr, an den Schmerz, an die Hilflosigkeit. Ihr liefen warme Tränen über das Gesicht, und das erste Mal in fast über dreißig Jahren durfte sich der Schmerz in ihr wirklich zeigen. Sie konnte und wollte ihn nicht mehr wegdrücken. Es war jetzt sicher für sie, ihn zu fühlen. Sie erlaubte ihrer Traurigkeit, einfach da zu sein, ohne sich dafür abzuwerten oder die Traurigkeit zu fürchten. Träne um Träne ließ sie sich selbst heilendes Mitgefühl zukommen und hüllte sich wie in eine warme Decke darin ein. Es war okay, traurig zu sein. Sie durfte endlich weinen und fühlen. Die Tränen flossen wie reinigendes klares Salzwasser durch ihr Herz und nahmen so viel von der alten Schwere mit sich.

Nach und nach erschien hinter der Traurigkeit ein neues Gefühl. Alma spürte, wie eine beinahe überwältigende Wut in ihr aufstieg. Die Wut über die Ungerechtigkeit, von ihrem Vater zurückgelassen worden zu sein und dass ihre Eltern so viel Schmerz in ihr Leben gebracht hatten, loderte wie ein riesiges brennendes Feuer in ihr auf. Ihr Herz schlug so laut, dass sie dachte, es würde gleich zerspringen. Aber sie erinnerte sich an die Worte von ihrem weisen alten Ich und ließ auch die Wut einfach da sein. All die Wut und all der Schmerz durften endlich wie Wellen von ihr abfließen. Sie durfte heilen. Atemzug für Atemzug kehrte sie zu sich selbst zurück. Sie erkannte, dass der Gedanke, dass sie nicht gut genug oder nicht liebenswert sei, nichts anderes war als ein Gedanke. Ein Gedanke, den sie angefangen hatte zu glauben, als sie nicht wusste, wie sie mit all dem Schmerz umgehen sollte.

Durch die Dunkelheit der Angst drang ganz behutsam das Licht der Liebe zurück in ihr Herz. Mit diesem Licht kam auch das Wissen darüber, wer sie wirklich war. Denn es waren nicht die Erfahrungen selbst, die den Schmerz in ihr hervorgerufen und nicht hatten heilen lassen, sondern wie sie bisher diesen Erfahrungen begegnet war und welche Bedeutung sie ihnen gegeben hatte. Es schien ihr, als blickte sie nun hinter eine Wand, die ihr Leben lang vor ihr gestanden und ihr die Sicht, den Weg versperrt hatte. Diese Wand zerfiel weiter zu Staub mit jedem Augenblick, den sie in diesem Zustand der Liebe für sich selbst verbrachte. Sie kam wieder in Kontakt mit ihrer eigenen Selbstwirksamkeit und konnte sich selbst die Chance geben, in ihren Erfahrungen Kraft, Liebe und Weisheit zu finden anstatt Schmerz, Verletzungen und Wut.

Und dann setzte ein Gefühl ein, das sie noch nie zuvor gefühlt hatte. Es war, als würde das Feuer der Wut den Schmerz in ihr wie altes trockenes Holz verbrennen und in etwas vollkommen Neues transformieren. Der Schmerz zerfiel zu Asche, wurde ganz leicht und beinahe friedlich. Die Asche ihres Schmerzes wurde zu einem fruchtbaren Boden, der sie in einer ungeahnten Kraft und Stärke aufblühen ließ. Noch nie zuvor in ihrem Leben hatte sich Alma so sehr mit sich selbst und ihrer Seele verbunden gefühlt. Alles fiel an seinen Platz, alles ergab plötzlich einen tieferen Sinn, und sie erkannte, dass sie den Schmerz hinter sich lassen konnte.

Leise hörte sie die zarte Stimme von ihrem weisen alten Ich neben sich: «Du kannst der kleinen Alma all das geben, was du damals gebraucht hättest. Sei dein eigener Schutzengel, der dich in Liebe hüllt.»

Alma blickte auf ihr jüngeres Ich und begann, ihr all das zu sagen, was sie sich damals so sehr gewünscht hätte, dass es ihr jemand sagt. Sie sagte ihr, wie sehr sie geliebt sei und dass sie einen Weg gefunden habe, den Schmerz zu heilen, und unendlich viel Liebe in ihrem Leben noch auf sie warten werde. Sie gab sich selbst die Nähe und Geborgenheit, die sie damals gebraucht hätte. Die Heilung, die ihr vierjähriges Ich in diesem Moment durch ihre Anwesenheit und Liebe empfing, heilte auch sie selbst. Alma erinnerte sich daran, dass die Natur immer wieder Harmonie anstrebt, und spürte, wie genau diese universelle Harmonie auch in sie zurückkehrte.

«Du hast gerade den wichtigsten Moment deines Lebens von tiefem Schmerz in deine größte innere Kraft verwandelt. Diese Erfahrung wird alles verändern und kann dir nie wieder genommen werden. Du bist in Kontakt mit deiner höheren Schwingung gekommen, und ab jetzt wird dieser Zustand der Liebe für dich immer natürlicher werden, weil du den Ursprung geheilt hast. Die kleine Alma ist jetzt wieder ein Teil von dir, und ihr seid auf der Ebene eurer Seele miteinander in Liebe verbunden. Alles, was sie in sich heilt, heilst du auch in dir. Ebenso heilt alles in ihr, was du in dir heilst.» Dann legte auch Almas altes weises Ich ihre Hand auf das Herz der vierjährigen Alma und sagte zu ihr: «Du bist über alles geliebt. Liebe umgibt dich. Alles, was du brauchst, ist bereits in dir. Eines Tages wirst du dich wieder erinnern.»

Sie blickte Alma an. «Die Liebe, die dir in deinem Leben so oft gefehlt hat, hattest du damals hier unter all dem Schmerz überlagert. Weil du dich daran nicht mehr erinnern konntest, hast du immer nur im Außen nach der Liebe gesucht. Aber das hat den Schmerz nur vergrößert, weil im Außen nie gefunden werden kann, was nicht zuerst in deinem Inneren existiert. Es kann nur das in deinem Leben in Erscheinung treten, was in Einklang mit deiner inneren Welt ist und dieselbe Frequenz hat. Das ist das universelle Gesetz der Resonanz. Gleiches zieht immer Gleiches an. Solange du voller Schmerz in dir gewesen bist, hast du auch immer Schmerz im Außen erfahren, weil er dieselbe Schwingung hatte. Durch deine Heilung und Transformation der Erfahrung hat sich deine Schwingung in Liebe verändert und wird dir nun ermöglichen, ganz natürlich dieser Liebe im Außen zu begegnen. Das Leben gibt uns immer das, was wir auf tiefster Ebene über uns selbst glauben, denn das ist die Schwingung, die wir aussenden.»

Sie machte eine kurze Pause und blickte voller Liebe auf die vierjährige kleine Alma, die mittlerweile eingeschlafen war. Sie küsste sie auf die Stirn, und beide verabschiedeten sich von ihr mit einem von Liebe erfüllten Herzen. «Wir werden immer bei dir sein und unsere schützende Energie um dich herumfließen lassen. Alles wird gut. Du wirst deinen Weg finden.»

Dann blickte sie Alma an, und Alma wusste, dass es an der Zeit war, wieder zu sich selbst zurückzukehren. Sie folgte ihrem weisen alten Ich und schwebte aus den Tiefen ihrer Erinnerung wieder empor in ihr Bewusstsein. Es fühlte sich an, als würde sie eine Wendeltreppe hinaufsteigen und mit jeder Stufe mehr und mehr den alten Schmerz hinter sich lassen. Sie ent-wickelte sich selbst von all den alten negativen Überzeugungen, die sie über sich selbst gehabt hatte, und jede Stufe öffnete ihr Herz mehr und mehr.

Zum ersten Mal in ihrem Leben fühlte sie Selbstliebe. Das wundervolle Gefühl, in sich selbst geborgen und geliebt zu sein, floss wie ein Wasserfall durch sie hindurch und nahm gleichzeitig alles mit sich, was nicht mehr in Einklang mit dieser Liebe war. Es gab keinen Grund mehr, vor ihrer inneren Welt und all den Gefühlen zu fliehen und wegzulaufen, weil es sich jetzt sicher in ihr selbst anfühlte. Sie hatte keine Angst mehr vor dem

Schmerz, weil sie wusste, dass er sie in Wirklichkeit nur daran erinnerte, dass sie vergessen hatte, dass sie Liebe war. Alle alten Verletzungen waren nichts anderes als Einladungen an ihre Seele zu heilen. Dass sie sich bisher nie getraut hatte, ihrem Schmerz zu begegnen, war Grund dafür, dass er nie weggegangen war. Sie hatte immer nur versucht, vor ihm wegzulaufen und ihn zu betäuben, bis er so viel Macht über sie hatte, dass sie nichts anderes mehr als den Schmerz wahrgenommen hatte. Der einzige Weg, die Angst und den Schmerz zu heilen, war, beidem mit offenem Herzen zu begegnen und festzustellen, dass hinter all dem immer die Liebe wartete.

Ihre Wut, die sie, seit sie sich erinnern konnte, wie ein loderndes Feuer in sich getragen hatte und die so oft so zerstörerisch gewesen ist, war letztlich auch nur ein Ruf ihrer Seele gewesen, nicht länger wegzulaufen und endlich hinzusehen. Anstatt die Wut für ihre Transformation zu nutzen, hatte sie sie gegen sich selbst gewendet. Jetzt spürte sie, wie die Wut ganz von selbst weniger wurde – weil sie nicht länger gebraucht wurde. Sie musste sie nicht mehr aufwecken, weil Alma nun wach war.

Sie stieg die Wendeltreppe immer höher, und mit jeder Stufe wurde sie klarer, wie ein See nach einem langen Sturm, dessen Oberfläche ganz ruhig wurde, sodass man wieder bis auf den Grund sehen konnte.

Aus der Ferne drang leise die warme Stimme von ihrem weisen alten Ich zu ihr durch. «Alma, du kannst deine Augen jetzt wieder öffnen und zurückkommen.»

Alma öffnete langsam ihre Augen, und es schien ihr, als würde sie das erste Mal in ihrem Leben *wirklich, wahrhaftig* ihre Augen öffnen und sehen können. Sie fühlte, wie warme Tränen der Erleichterung und der Freude über ihre Wangen liefen. Sie ließ ihren Blick langsam durch den Raum wandern und kam mit all ihren Sinnen wieder ganz an diesem wundersamen Ort an.

Ihr altes weises Ich lächelte sie an und sagte dann: «Schön, dass du wieder da bist. War das nicht eine erkenntnisreiche Reise in die Tiefen deiner inneren Welt? Wie fühlst du dich?»

Alma musste lächeln, und auch wenn sie noch einen Augenblick brauchen würde, um das Erlebte zu verarbeiten, spürte sie bereits jetzt einen tiefen inneren Frieden in sich. «Ich fühle mich ganz leicht und mit mir selbst verbunden. Ich habe das Gefühl, dass so vieles einen Sinn ergibt, was vorher für mich einfach nur mit Schmerz verbunden war. Der Moment, als ich mich selbst als Baby in den Arm genommen und mich daran erinnert habe, wie wertvoll ich bin, wie wertvoll mein gesamtes Leben ist, hat alles verändert. Ich habe eine bewusste Entscheidung getroffen, wie ich mich selbst erleben möchte, und ich weiß jetzt auf einer tiefen Ebene in meinem Herzen, dass ich immer von Liebe umgeben war, auch wenn ich es in dem Moment damals nicht wahrnehmen konnte.»

Ihr weises altes Ich nickte zustimmend und sprach: «Genau so ist es. Alles ist miteinander verbunden. Nichts passiert in unserem Leben einfach so. Unsere größte Freiheit liegt darin, dass wir selbst bestimmen können, welche Bedeutung wir den Erfahrungen geben, wenn wir ihnen bewusst begegnen. Es ist unsere eigene Bewertung, die uns entweder das Herz bricht oder es heilt.»

Sie machte eine Pause und fuhr dann fort «Um deine alten emotionalen Verletzungen und negativen Überzeugungen vollständig zu heilen und dich vollkommen mit deiner Selbstwirksamkeit zu verbinden, fehlt noch ein sehr wichtiger letzter Schritt. Heute Abend werde ich dich in das Geheimnis einweihen, wie du deine Vergangenheit in deine größte innere Stärke transformieren kannst und dadurch den Raum schaffst, deine Träume zu leben und dir eine erfüllte Zukunft zu erschaffen. Damit du bis dahin gut ausgeruht und voller neuer Energie bist, mach es dir gerne draußen auf der Veranda in der Hängematte gemütlich, und ruh dich ein bisschen aus. Ich werde dich wecken, wenn du so weit bist.»

Alma war sehr gespannt darauf, das Geheimnis zu erfahren, aber fühlte sich tatsächlich ziemlich erschöpft.

Auch wenn es eine angenehme Erschöpfung war, war die Vorstellung, sich für ein paar Stunden in der Hängematte auszuruhen, sehr verlockend. Sie umarmte ihr altes weises Ich voller Dankbarkeit. Als sie aufstand, um auf die Veranda zu gehen, sah sie ihr kleines Notizbuch, das noch auf dem Esstisch lag. Bevor sie gleich in der Hängematte einschlafen würde, wollte sie unbedingt noch alles aufzuschreiben, was sie in den letzten Stunden gelernt hatte. Sie nahm das Notizbuch zusammen mit einem Stift mit nach draußen auf die wunderschöne Veranda und machte es sich in der Hängematte gemütlich, die sie leicht von rechts nach links im Wind wiegte.

Bevor ihr die Augen zufielen, schlug sie das Notizbuch und begann zu schreiben:

1. *Richte dein Leben nicht danach aus, Schmerz zu vermeiden, sondern danach, Erfüllung zu erschaffen.*

2. *Das Wertvollste, was ich mir selbst schenken kann, ist, an eine Zukunft zu glauben, die mehr für mich bereithält als meine Vergangenheit.*

3. *Ich bin in der Lage, Wunder in meinem Leben selbst zu erschaffen, indem ich mein Bewusstsein verändere.*

4. *Nur wenn ich selbst an meine Träume glaube und um ihre Erfüllung bitte, können sie auch in Erscheinung treten.*

5. *Die beiden Worte «ICH BIN» sind der erste Teil einer unendlich schöpferischen Formel. Das, was auf diese Worte folgt, erschafft unsere Realität.*

6. *Meine Überzeugung, nicht gut genug zu sein, ist nur wahr, solange ich sie selbst glaube. Sie ist wie ein alter Mantel, den ich mir selbst übergelegt habe und den ich jederzeit wieder ausziehen kann.*

7. *Heilung ist vielmehr ein Prozess des Loslassens von all dem, was in Wahrheit nicht zu mir gehört, und weniger ein Streben danach, anders oder besser sein zu müssen.*

8. *Schmerz im Leben zu erfahren ist unvermeidbar. Wie lange wir jedoch darunter leiden, ist eine Entscheidung.*

9. *Nur wenn ich in Frieden mit meiner Vergangenheit bin und mein Herz heilen darf, werde ich frei sein, um wieder aus der Liebe und nicht mehr aus der Angst heraus zu erschaffen.*

10. Am Ende sind es die schmerzhaften Erfahrungen und Herausforderungen in meinem Leben, die mich zu mir selbst zurückführen werden.

11. Es ist meine eigene Bewertung der Erfahrung, die mir entweder das Herz bricht oder es heilt.

12. Im Außen nach der Liebe zu suchen, vergrößert nur den Schmerz. Es kann nichts im Außen gefunden werden, was nicht zuerst in meinem Inneren existiert.

KAPITEL 5

Befreie dein Herz

Alma, wach auf.» Aus der Ferne drang die sanfte Stimme von ihrem weisen alten Ich langsam zu Alma durch und holte sie aus einem tiefen Schlaf zurück. Sie öffnete ihre Augen und stellte fest, dass es bereits dunkel geworden war. Ein angenehmer warmer Sommerabendwind wehte über die Veranda. Sie musste mindestens den halben Tag geschlafen haben. In ihrer Hand lagen das noch geöffnete Notizbuch und der Stift, mit dem sie sich ihre Gedanken aufgeschrieben hatte.

«Ich hoffe, du hast gut geschlafen. Komm, ich hab uns einen warmen Kakao gemacht. Setzen wir uns auf die Treppe vor der Veranda und schauen uns den wunderschönen Sternenhimmel an», sagte ihr weises altes Ich mit einem Lächeln.

Alma streckte sich und stieg aus der Hängematte. Auf der obersten Stufe der Verandatreppe standen zwei große Tassen, und daneben lagen bunt gestrickte Decken. Sie setzte sich zu ihrem weisen alten Ich auf die Stufen, legte ihr Notizbuch neben sich und warf sich eine der Decken über ihre Schultern. Der Garten war in ein warmes Mondlicht getaucht, und die Stille der Nacht hatte sich bereits über alle Pflanzen gelegt. Die Luft duftete und war so angenehm mild. Als Alma nach oben blickte, sah sie Tausende Sterne, die am Nachthimmel funkelten. Die Sterne und der Mond, die bereits seit Millionen von Jahren dort oben am Himmel standen und auf die Menschen hinunterleuchteten, strahlten einen unendlichen Frieden aus.

«Es ist wunderschön», sagte Alma verzaubert von all dem, was sie gerade sah. Sie nahm einen Schluck von ihrem warmen Kakao und genoss den schokoladigen Geschmack in ihrem Mund. «Es fühlt sich an, als würde ich zu Hause ankommen.»

«Es ist dein Zuhause», sagte ihr weises altes Ich. «Dieses Universum, dieser Garten, deine innere Welt, der Mond, die Sonne ... All das bist du. All das existiert, weil du existierst. Ohne dich würde nichts davon sein. Wenn du nach oben in den Himmel blickst, siehst du die Milliarden Jahre alten Sterne, und du trägst einen Teil dieser Sterne auch in dir. Alles ist miteinander verbunden.»

Sie blickten beide für einige Zeit schweigend und ehrfürchtig in den Himmel, und Alma konnte spüren, was ihr weises altes Ich ihr versuchte zu sagen. Sie fühlte eine tiefe Verbindung zu der Kraft des Universums, das sie nicht nur umgab, sondern von dem sie ein Teil war.

Sie war Teil dieses unendlich intelligenten und atemberaubenden Universums. Das, was die Sterne, den Mond, die Sonne, die Erde und alles Leben erschaffen hatte, hatte auch sie erschaffen. Wie konnte sie da jemals denken, nicht gut genug zu sein, wenn sie in Wahrheit Teil des größten Wunders war?

Ihr weises altes Ich schien zu spüren, was sie gerade dachte, und sagte: «Alma, du bist ein spirituelles Wesen, das auf dieser Erde eine menschliche Erfahrung macht. Solange du deine eigene spirituelle Herkunft und deine Seele nicht vollkommen für dich anerkennst, wirst du dich immer unvollständig fühlen. Die meisten Menschen begrenzen sich selbst auf ihren Körper und ihren Verstand, während sie in Wahrheit unendlich schöpferisches Bewusstsein sind. Dein Körper, deine Gefühle und dein Verstand sind die wundervollen menschlichen Aspekte, die deine Seele zur Verfügung gestellt bekommen hat, um sich selbst in diesem Leben erfahren zu können – aber du bist noch so viel mehr. Diesen Körper hast du nur für dieses eine Leben, ebenso wie deine Gedanken und Gefühle nur in diesem Leben ein Teil deiner Reise sind. Deine Seele jedoch umfasst nicht nur dieses Leben, sondern alle Leben, die du bereits gelebt hast, und auch die, die du noch leben wirst. Und nicht nur das, sie existiert ebenso außerhalb dieser Leben. Sie umfasst alles. Sie ist reines schöpferisches Bewusstsein, und der wahrhaftigste Ausdruck deiner

Seele in jedem einzelnen Leben ist es, jeden Moment mit so viel Liebe wie möglich zu erfüllen. Bedingungslose Liebe ist die höchste Form deines spirituellen Daseins.

Du kannst dir das Leben als die Schule, um lieben zu lernen, vorstellen. Stell dir dafür vor, dass es einen Ort gibt, an dem du existiert hast, bevor du in dieses Leben gekommen bist. Ein Ort, an dem alles Liebe ist. Nichts als Liebe. Auch du bist dort reine bedingungslose Liebe. Du bist reine schöpferische Energie. An diesem Ort ist alles eins. Alles, was du dort erfährst, sind Liebe und Einssein. Das ist der Ort, den wir unter anderem das Jenseits oder auch den Himmel nennen. Dieser Ort ist vollkommen unabhängig von Raum und Zeit. Es ist der Ort, an dem alles, was ist, entsteht. Du kannst an diesem Ort nichts anderes sein als Liebe.

Stell dir vor, du würdest jetzt von der göttlichen schöpferischen Kraft selbst gefragt werden, ob du es spannend finden würdest, für eine kurze Zeit an einen Ort zu gehen, wo du auch andere Erfahrungen als Liebe und Einssein machen darfst, etwa Angst, Trennung oder vielleicht sogar Hass. Nicht, um dich dort zu quälen oder um dich schlecht zu fühlen, sondern um dir die Möglichkeit zu geben, dich selbst als bedingunglose Liebe im Gegensatz zu allem anderen erfahren zu können. Du würdest das Leben geschenkt bekommen als deine Schule, um Liebe zu lernen und zu geben. Dafür würdest du einen Körper zur Verfügung bekommen mit fünf Sinnen und einem Verstand, die und der dir dabei helfen würden, Raum und Zeit und dich selbst als Mensch zu erfahren.

Stell dir vor, dir würde gesagt werden, dass du für ein Leben einen Ausflug an diesen Ort machen kannst – die einzige Bedingung wäre, dass du an diesem Ort namens Erde vergessen wirst, woher du kommst, und dass du vergessen wirst, dass du in Wahrheit Liebe bist.

Stell dir vor, du hättest die Wahl gehabt, dieses Abenteuer bewusst zu wählen, und du hättest damals mit ganzem Herzen ja zu dieser Erfahrung gesagt. Stell dir vor, du würdest dich jetzt in diesem Moment wieder daran erinnern können – was würde das für dein Leben hier und jetzt bedeuten?»

Ihr weises altes Ich hielt inne, um Alma den Raum zu geben, darüber nachzudenken, was sie ihr gerade gesagt hatte. In Alma überschlugen sich die Gedanken, und ihre innere Welt dehnte sich über all ihre bisherigen Überzeugungen aus, so als würde sie einen vollkommenen Bewusstseinszustand erreichen, der alles bisherige klein erscheinen ließ. Wenn es wirklich so war, wie es ihr weises altes Ich gerade erklärt hatte, dann war alles, was sie bisher über sich selbst und das Leben geglaubt hatte, so, als hätte sie immer nur die alleroberste kleine Spitze ihres eigenen Bewusstseins gesehen, während darunter unendliche, unerforschte Tiefen lagen. Sie spürte die immense Kraft und die außerordentliche

Selbstwirksamkeit, die ihr dieses Wissen ermöglichten. Sie hatte dieses Leben gewählt, und jede einzelne ihrer bisherigen Erfahrungen war Teil dieser Schule der Liebe. Es gab keine Prüfungen, sondern immer nur die Frage: Wie sehr kannst du in diesem Moment lieben? Bist du bereit, dich zu erinnern, wer du wirklich bist? Das war alles, worum es immer gegangen war. *Mich zu erinnern an die Liebe in mir und dass diese Liebe auch nur durch mich hindurch entstehen konnte.* Alma spürte, wie dieses Wissen tief in ihr in eine Resonanz mit ihrem Herzen ging, so als würden alle Töne des Universums plötzlich einen einheitlichen Klang erzeugen.

Sie blickte ihr weises altes Ich an und sagte: «Es ist eine wunderschöne Vorstellung, dass ich dieses Leben bewusst gewählt habe, um zu lernen, wieder Liebe zu sein. Es bringt alles in ein ganz anderes Licht. Erzähl mir bitte mehr darüber. Ich möchte so gerne alles darüber lernen, wie ich dieses Wissen für meine Heilung und mein Leben anwenden kann. Denn auch wenn ich fühle, dass es stimmt, gibt es dennoch einen Teil in mir, der wütend auf meine Eltern ist und sich gewünscht hätte, ohne all diese Verletzungen aufzuwachsen. Ich spüre einen starken Widerstand in mir, ihnen einfach mit Liebe zu begegnen und so zu tun, als wäre es in Ordnung gewesen, wie sie sich verhalten haben, denn das war es nicht. Ich bin enttäuscht von ihnen, und ich bin wütend auf sie.»

«Ich verstehe dich so gut, und es ist wichtig, dass du all diese Gefühle an die Oberfläche bringst, denn nur dann können sie überhaupt geheilt werden. Es ist völlig normal, dass es diesen Teil in dir gibt, der Rechenschaft möchte und dem es schwerfällt, Frieden mit deinen Erfahrungen zu schließen. Ich hatte dir versprochen, dass ich heute das Geheimnis mit dir teilen möchte, wie du diese Vorwürfe transformieren kannst und vollkommenen Frieden mit deiner Vergangenheit schließt.

Den ersten Schritt hast du dafür bereits getan, als du dich selbst als Baby an dem Tag deiner Geburt gesehen und dich daran erinnert hast, dass du als reine Liebe hier auf diese Erde gekommen bist. Alles beginnt mit der Liebe für dich selbst. Bedingungslose Liebe für dich selbst zu empfinden, eröffnet dir überhaupt erst den Weg, um zu dir zurückzufinden. Sie ermöglicht dir eine neue Sicht auf dich selbst, die nicht länger abwertend oder hart ist, sondern liebevoll, mitfühlend und verständnisvoll. Diese Aktivierung der Selbstliebe bewirkt in dir einen Shift deiner Energie, was die Grundlage ist, um zu heilen. Sie verbindet dich mit dem tiefen Wissen in dir, dass du es wert bist, ein erfülltes und auch glückliches Leben zu leben. Um dieses Leben zu erschaffen, ist der Frieden mit deiner Vergangenheit die Voraussetzung, da du ansonsten immer wieder dieselben Konflikte in deinem Leben hervorrufen wirst, nämlich so lange, bis sie gelöst sind. Deswegen geht es im nächsten Schritt darum, diese Liebe nicht nur dir selbst zuteilwerden zu lassen, sondern auch allen anderen Menschen, die dir auf deinem Weg begegnen. Und sogar dem Leben selbst.

Du erinnerst dich daran, dass ich dir erzählt habe, dass das Leben die Schule der Liebe ist. Du bist hier, um dich immer und immer wieder daran erinnern zu können, dass du Liebe bist und dass es deine einzige Aufgabe in diesem Leben ist, diese Liebe zu teilen. Das ist es, worum es geht. An dem Ort, von dem deine Seele stammt, haben sich andere Seelen mit dir auf der Erde verabredet, damit du in diesem Leben Liebe lernen kannst. Ebenso wie du hier anderen Seelen zur Verfügung stehst, damit sie Liebe lernen können. Um Liebe zu lernen, brauchen wir nicht nur Erfahrungen von Liebe – denn von dort kommen wir ja als Seele –, wir brauchen hier auf der Erde eine Erfahrung, die uns von der Liebe trennt, damit wir uns wieder auf die Suche nach dem Einssein machen.

Als Mensch erfahren wir uns im Gegensatz. Nur wenn wir Konflikt erleben, können wir auch Frieden erschaffen. Nur wenn wir Angst kennenlernen, werden wir uns auch auf die Suche nach Vertrauen machen. Wir lernen, uns an die Liebe zu erinnern, indem wir ihr Gegenteil in Form von Trennung erfahren. Deswegen sind die Seelen, mit denen wir uns in diesem Leben verabredet haben, oft Menschen, die uns verletzen – nicht, weil das Leben gegen dich ist, sondern weil es dir ermöglicht, dich als spirituelles Wesen in einer menschlichen Erfahrung selbst wahrzunehmen. Man könnte also beinahe sagen, dass die Menschen, die dich in deinem Leben verletzt haben, in Wahrheit deine Lehrer waren oder vielleicht sogar Engel, die bereit waren, sich zur Verfügung zu stellen, damit du die Erfahrungen von Heilung, Mitgefühl und Vergebung machen kannst. Ebenso wie du als ein solcher Engel hier auf der Welt Menschen zur Verfügung stehst, damit sie dieselbe Erfahrung machen können.»

Almas altes weises Ich blickte hoch in den Nachthimmel und ließ ihre Worte bei Alma in Ruhe ankommen.

«Ich bin mir noch nicht ganz sicher, ob ich es wirklich verstehe. Entschuldigt es das dann einfach, wenn man andere Menschen verletzt oder ihnen Schaden zufügt?», fragte Alma nachdenklich.

«Nein, natürlich nicht. Genau das ist der springende Punkt. Es geht darum, den Kreislauf der Verletzungen zu durchbrechen, indem du dein Bewusstsein anhebst und deine eigenen Verletzungen heilst. Denn solange du selbst verletzt bist, wirst du immer auch andere verletzen. Das ist die Prüfung, die wir in der Schule der Liebe immer wieder gestellt bekommen.

Du wirst immer wieder gefragt werden, wie viel du bereits gelernt hast. Und solange wir diese Prüfungen nicht bestehen, werden wir sie immer und immer durchlaufen. Die Prüfungen bestehen wir dann, wenn wir uns an die Liebe erinnern, die wir sind, und dadurch Frieden und Harmonie erschaffen. Alles, was mit dieser Wahrheit nicht in Einklang ist, wirst du immer als Konflikt wahrnehmen. Vielleicht konntest du es bisher noch nicht so klar erkennen, aber jedes negative Gefühl entsteht nur aus diesem einzigen Grund: weil du dich von der Liebe in dir getrennt hast.

Das bringt mich zu dem Geheimnis, das ich mit dir teilen möchte. Denn der Schlüssel für diesen Frieden heißt Vergebung. Zu lernen zu vergeben, ist das Geheimnis eines tief erfüllten Lebens und gleichzeitig der Schlüssel zu der Entfaltung deiner gesamten Schöpferkraft. Aus tiefstem Herzen zu vergeben bedeutet, dass du Frieden schließt mit dem, was war, um das in Empfang nehmen zu können, was auf dich wartet. Vergebung ist die Befreiung der heilenden Kraft deines Herzens. Es ermöglicht dir, wieder ganz in deine Selbstwirksamkeit zurückzukommen und wieder richtig im Leben mitzuspielen. Denn nur wenn wir das loslassen, was war, kann das zu uns kommen, was für uns bestimmt ist.

So wie du gesagt hast, dass es dir schwerfällt, keinen Vorwurf gegen deine Eltern zu haben, geht es fast allen Menschen, wodurch sie sich selbst diesem inneren Frieden verwehren. Sie fühlen sich als Verlierer in einem Konflikt. Sie denken, dass sie durch Vergebung eine stille Zustimmung für das geben, was passiert ist, oder dass der oder die andere die Vergebung nicht verdient hat. Doch die Wahrheit ist eine andere. Denn wenn du in dieser Art der inneren Abwehr stecken bleibst, verlierst du doppelt. Nicht nur der oder die andere. Du verlierst deine Lebensfreude, dein Herz und schlussendlich die Beziehung zu dir selbst.

Bei Vergebung, wahrer, tiefgründiger Vergebung, geht es nicht um die andere Person. Es geht um dich und die Rückkehr zu deiner gesamten schöpferischen Kraft. Es geht darum, dass du vollkommen erfüllt und glücklich sein kannst. Das geht aber nicht mit Vorwürfen im Gepäck. Solange wir nicht vergeben, sind wir selbst der Mensch, der verliert. Vollkommen egal, was mit der anderen Person ist. Es sind dein Verstand und dein Ego, die gewinnen und recht behalten möchten. Aber auf der anderen Seite steht auch dein Herz, das heilen und wieder lieben möchte. Was ist dir wichtiger? Zu gewinnen und ein Leben in Vergeltung zu führen, oder erfüllt zu sein?

Vergebung ist eine Entscheidung. Die Entscheidung, selbst nicht mehr zu leiden. Sie beendet den inneren Kampf und führt dich zurück in deine Essenz der Liebe. Zurück nach Hause, zu dir selbst. Zu vergeben gibt dir selbst die Wahl zurück, wer du in deinem Leben sein möchtest.

Stell dir Vergebung als den höchsten Ausdruck von gelebter Liebe vor. Stell dir vor, dass du Situationen, die dich vorher Kraft gekostet haben, plötzlich anders bewerten kannst und sie dich emotional nicht mehr belasten. Weil du dich selbst von dem Schmerz befreit und erkannt hast, dass der größte Sieg am Ende immer Liebe ist.

Wenn du vergibst, erreichst du eine neue Bewusstseinsebene und kannst Menschen, die dich verletzt haben, auf einmal anders betrachten. So als würdest du plötzlich mit den Augen deines Herzens sehen können und nicht mehr mit den Augen deines verletzten Egos. Stell dir vor, dass du das Handeln der Menschen, die dich verletzt haben, am Ende sogar als ein Geschenk erkennen kannst, das dich näher zu dir selbst gebracht hat.

Denke immer daran: Alles, was dich gerade jetzt von diesem Gefühl des Friedens trennt, sind deine Gedanken. Du triffst die Entscheidung für dich und dein Handeln. Du kannst aufhören, dich zu fragen, warum das Leben ständig gegen dich war, denn das Leben ist für dich – es gehört dir.

Du bestimmst, was du aus deinen Erfahrungen machst. Heißt das, dass alles richtig war, was passiert ist? Nein, mit Sicherheit nicht. Es bedeutet, dass es Teil deines Lebens ist und du die Fähigkeit in dir trägst, heilen zu können. Der Schmerz, den du in dir fühlst, existiert, weil du ihn am Leben hältst. Du kannst hier und jetzt entscheiden, alles in deiner Macht Stehende zu tun, um diesen Schmerz endlich gehen zu lassen. Diese Macht hast du, und die bewusste Entscheidung, genau diese Macht zu nutzen, ist die Tür, die dein Herz endgültig öffnen wird.

Das, was passiert ist, liegt in der Vergangenheit. Es kann nicht geändert werden. Aber was du jetzt in diesem Moment fühlst, das kannst du ändern. Das, was du immer ändern kannst, ist deine innere Einstellung zu dem, was du erlebt hast. Deine Geschichte schreibst du immer in der Gegenwart, nicht in der Vergangenheit. Indem du diese veränderst, verändert sich auch alles um dich herum.»

Wieder hielt sie inne und ließ Alma Zeit, ihre Worte ankommen zu lassen.

Beide blickten lange in die sternenklare Nacht und spürten, wie das Universum sich um sie herum drehte. Alma hatte bisher noch nie darüber nachgedacht, ihren Eltern oder auch anderen Menschen, die sie verletzt hatten, zu vergeben. Sie hätte noch nicht mal gewusst, wie es überhaupt funktionierte, jemandem zu vergeben. Sie wollte unbedingt mehr darüber lernen und verstehen, wie sie das Geheimnis der Vergebung anwenden konnte.

«Bitte erzähl mir, wie ich vergeben kann. Ich habe bisher immer nur voller Groll und Vorwürfe auf meine Vergangenheit zurückgeblickt, und die Vorstellung, Frieden mit all diesen Erfahrungen zu schließen, fühlt sich unglaublich gut an, und gleichzeitig kann ich es mir kaum vorstellen. Wie kann man etwas vergeben, was so schmerzvoll und ungerecht war?», fragte Alma ehrlich.

«Ich werde dir alles darüber erzählen, was ich weiß. Zu vergeben bedeutet, die Ebene des Egos zu verlassen und aus der Perspektive deiner Seele auf dein Leben zu blicken. Und nicht nur das, sie fordert dich auf, Verantwortung zu übernehmen. Verantwortung bedeutet, selbst eine Antwort auf deine Erfahrungen zu geben. Es bedeutet, niemand anderen darüber bestimmen zu lassen, wie glücklich oder unglücklich du in deinem Leben bist. Selbstverantwortlich durch das eigene Leben zu gehen, heißt, dein Leben vollkommen selbst zu bestimmen. Vergebung ist ein reiner Ausdruck von Selbstliebe, weil du lieber glücklich sein wählst, anstatt verbittert zu sein.

Du kannst die Erfahrungen, die du gemacht hast, nicht mehr verändern. All diese Erfahrungen machen dich aus. Sie sind dein spiritueller Weg.

Wenn du dir das Wort Verantwortung genauer anschaust, dann steckt darin die ‹Antwort›. Die Frage ist, was ist deine Antwort auf all deine Erfahrungen, die du bis jetzt gemacht hast? Was ist die Antwort, die du darauf geben möchtest? Welche Bedeutung gibst du ihnen? In dieser Frage liegt all die universelle Kraft für deine innere Heilung.

Vergebung ist die Fähigkeit deines Herzens, die dich aus der Opferrolle in deine Schöpferkraft führt.

Die Heilung beginnt, wenn wir derselben Erfahrung auf der Herzensebene eine neue Bedeutung geben. Selbstverantwortung besagt nichts anderes, als dass wir die Wahl haben: entweder die Kraft unserer Gedanken dafür einzusetzen, die Probleme der Vergangenheit immer wieder in unsere Gegenwart holen, oder dafür eine neue kraftvolle und geheilte Realität zu schaffen. Das ist es, was ich als Schöpferkraft bezeichne.

Solange wir nicht vergeben, bleiben wir Opfer, und als Opfer werden nie in Entfaltung unseres wahren Potenzials kommen können. Wir bleiben emotional in unserer Vergangenheit gefangen. Hinzu kommt, dass wir allen ungeheilten Schmerz immer weitertragen werden. Solange wir nicht vergeben, den anderen oder auch uns selbst, solange wir selbst verletzt sind und unser Herz verschlossen halten, verletzen wir damit automatisch immer andere Menschen und verwehren der Welt unsere Liebe. Unsere Energie erzeugt immer mehr von derselben Energie.

Das Wichtigste ist aber, dass, wenn du an dem Schmerz, den Vorwürfen und der Schuldzuweisung festhältst, all deine Energie bei der Person ist, der du die Vorwürfe machst. Nicht sie leidet darunter, sondern du selbst. Solange du an dieser inneren Haltung festhältst, kannst du dein eigenes Leben nicht frei und mühelos erschaffen, da du emotional und energetisch immer an der Vergangenheit festhängst. Es ist, als würdest du mit dem Rücken zu deiner Zukunft stehen und nicht sehen, wohin dein Weg dich eigentlich führen kann, weil du dich nicht traust, dich endlich umzudrehen. Der Ursprung so vieler Probleme ist, dass fast alle Menschen gedanklich, emotional und energetisch in der Vergangenheit leben. Nur das, was wir ehrlich anerkennen, können wir auch gehenlassen.

Manchmal ist dieser Schmerz aber schon so sehr zum Teil unserer Identität geworden, dass wir gar nicht mehr wissen, wer wir eigentlich ohne ihn wären. Deswegen ist es so wichtig, ehrlich hinzufühlen und anzuerkennen, dass wir den Schmerz einer noch ungeheilten Erfahrung fühlen. Wir sind aber nicht dieser Schmerz. Es geht darum, dass du als Mensch und spirituelles Wesen lernen kannst, diese Emotionen wieder loszulassen und nicht länger daran festzuhalten. Negative Emotionen weisen uns darauf hin, dass wir eben nicht in Harmonie mit uns oder dem Leben sind. Sie sind unsere Wegweiser oder, besser gesagt, unsere Stoppschilder. Sie müssen gesehen und beachtet werden. Aber es macht auch keinen Sinn, dein Leben lang vor einem Stoppschild stehen zu bleiben und nicht mehr weiterzugehen. Erkenne die Botschaft deiner Gefühle, arbeite mit ihnen und dann lass sie gehen.

Wir vergessen, dass wir es selbst sind, die uns unseren Wert zu- oder aber auch absprechen. Wir sind es selbst, die unseren Erfahrungen eine Bedeutung geben.

Wir sind es selbst, die unsere innere Welt erschaffen. Und solange du lebst, kannst du diese innere Welt verändern. Du bist die Schöpferin deiner Realität. Du entscheidest, welche Bedeutung du deinen Erfahrungen geben möchtest, und du entscheidest, was du über dich selbst glaubst oder eben auch nicht glaubst.

Es ist also an der Zeit, dich zu fragen: Wie könntest du dieses Erlebnis für dich anders bewerten, sodass es dir Kraft gibt? Was hast du gelernt? Wer kannst du heute sein, dadurch, dass du diese Erfahrung gemacht hast? Denn am Ende entscheidest du, ob dich diese Erfahrung mehr in dein Herz bringen darf oder weiter von dir selbst weg. Wie du bereits gelernt hast, ist verletzt zu werden und Schmerzen zu erfahren in diesem Leben unvermeidbar. Wie lange du jedoch darunter leiden willst, ist deine Entscheidung.

Alle deine schmerzhaften Erfahrungen in etwas Heilsames zu transformieren, ist das größte Geschenk, das du dir selbst machen kannst. Es ist wie ein inneres, warmes, heilendes Licht, welches sich über deine Vergangenheit legt und dich mit seinen Strahlen in eine neue, wundervolle Zukunft begleitet. Vergebung ist deine Chance, all das aufzulösen, was war, und aus den alten Mustern auszusteigen und neu zu beginnen. Für dich selbst. Denn auch wenn das, was dir ein Mensch angetan hat, unverzeihlich erscheint, geht es dabei nicht um den anderen Menschen. Zu vergeben bedeutet, dass du diesen Schmerz nicht länger mit dir trägst und ihn in deiner Vergangenheit ruhen lässt. Denn solange du Vorwürfe in dir trägst, bist du diejenige, die den Schmerz in sich hat. Es geht also nicht darum, ob es die oder der andere verdient hat, dass ihr oder ihm vergeben wird. Es geht darum, dass du es verdient hast, Frieden in deinem Leben zu haben, denn das ist der größte Reichtum, den du jemals besitzen kannst. Dein Herz und deine Seele wissen, dass diese Erfahrung für dich wichtig war, um dich genau hierher, an diesen Punkt zu bringen, an dem du beginnst, dich an die Liebe in dir zu erinnern. Lieben bedeutet, loszulassen und zurück zu dir selbst zu kommen.»

«Ich glaube, ich fange an, die Kraft der Vergebung zu verstehen», sagte Alma nachdenklich. «Vergebung hat weniger mit den anderen zu tun als vielmehr mit mir selbst und der Entscheidung, selbst glücklich sein zu wollen. Es bedeutet, dem, was war, zuzustimmen, ohne weiter dagegen zu kämpfen. Weil ich die Vergangenheit nicht ändern kann, aber sehr wohl meine Zukunft. Ich kann selbst wählen, ob ich heute noch unter der Erfahrung leiden möchte oder ob ich glücklich sein möchte. Denn der einzige Mensch, der am Ende wirklich darunter leidet, wenn ich an alten Vorwürfen festhalte, bin ich selbst. Dabei geht es nicht darum, ob das, was passiert war, richtig oder falsch gewesen ist, sondern dass ich jede Erfahrung aus einer Perspektive der Liebe neu bewerten kann und lernen darf, mich selbst zu lieben mit all meinen Erfahrungen. Das ist ein sehr gutes Gefühl.»

Sie musste lächeln bei dem Gedanken, dass sie nie zuvor so darüber gedacht hatte und wie kraftvoll diese neue Perspektive auf ihre eigene Vergangenheit war.

«Das hast du wunderbar zusammengefasst. Genau das ist das Geheimnis der Vergebung: Sie befreit dich selbst. Denn solange wir an den Vorwürfen festhalten, geben wir auch immer anderen Menschen oder dem Leben allgemein die Macht darüber, wie es uns geht und wie wir uns fühlen. Verantwortung für alle Erfahrungen in unserem Leben zu übernehmen, gibt uns die Macht zurück, das Leben selbst zu erschaffen. Es ist die bedingungslose Inanspruchnahme deiner Schöpferkraft. Und wie du erkannt hast, ist dabei nicht die Frage, ob das, was passiert ist, in Ordnung gewesen ist, sondern wie du trotz dieser Erfahrung heute glücklich sein kannst und wer du heute sein kannst, genau wegen dieser Erfahrung.

Das Schöne daran ist, dass du mit den Menschen, denen du vergeben möchtest, noch nicht mal sprechen musst, um ihnen vergeben zu können. Du musst auch nicht darauf warten, bis sie sich bei dir entschuldigen, denn es kann sein, dass das niemals passiert. Du kannst sogar Menschen vergeben, die nicht mehr leben oder zu denen du keinen Kontakt mehr hast. Alles, was du für die Vergebung brauchst, ist die innere Entscheidung, vergeben zu wollen, und dann kannst du die Vergebung in dir selbst erfahren. Möchtest du lernen, wie du die Vergebung in dir anwenden kannst?»

«Ja, das möchte ich unbedingt», sagte Alma entschlossen.

«Sehr gut, dann werde ich dir jetzt zeigen, wie du das Geheimnis der Vergebung in dir entschlüsseln kannst. Mach es dir dafür so richtig schön gemütlich. Du kannst deinen Kopf gerne auf meinen Schoß legen. Ich decke dich zu und halte dich fest.

Wir werden damit beginnen, deinen Eltern zu vergeben, nicht nur, weil sie die beiden Menschen waren, die dich am meisten geprägt haben, sondern auch, weil sie für die weibliche und die männliche Energie in deinem Leben stehen. Solange wir Vorwürfe gegen unsere Mutter oder unseren Vater in uns tragen, tragen wir auch immer ein Ungleichgewicht der femininen und der maskulinen Kraft in uns.

Zur weiblichen Energie gehören Eigenschaften wie das Empfangen-Können, Kreativität, Schönheit und die Kraft, Dinge aus dem Nichts heraus zu manifestieren. Genauso wie eine tiefe Wärme, Güte und Herzlichkeit. Die weibliche Kraft umfasst die liebevolle, heilende Energie einer Mutter. Denn in uns manifestiert sich die Fruchtbarkeit und damit der Anfang allen Lebens. Und solange wir diese Kraft in uns nicht wieder vollkommen annehmen, leben wir nie ganz. Ein Konflikt mit deiner

Mutter repräsentiert also immer auch einen Konflikt mit der Weiblichkeit in deinem Leben. Das energetische Geschenk, das du dadurch, dass du deiner Mutter vergibst, empfangen wirst, ist, wieder in Einklang mit der weiblichen Energie zu kommen.

Die männliche Energie ist, genau wie die weibliche, etwas Wunderschönes, Schöpferisches und sogar Schützendes. Denn die tief verwurzelte Aufgabe des Mannes ist in seinem Ursprung, Kraft zu spenden und Schutz zu geben. Gleichzeitig hat auch die maskuline Energie eine unglaubliche Schöpferkraft in sich, wenn sie positiv genutzt wird.

Erst durch die Harmonisierung dieser beiden Energien in uns kannst du überhaupt deine gesamte Kraft erfahren. Zu vergeben führt dazu, dass du deine innere Welt harmonisierst und dir wieder vollkommen klar darüber wirst, wer du in Wahrheit bist.»

Alma legte ihren Kopf auf den Schoß von ihrem weisen alten Ich und schloss die Augen. Sie spürte die weiche Hand von ihrem weisen alten Ich, wie sie ihr liebevoll über den Kopf streichelte, sodass sie sich vollkommen sicher und geborgen fühlte. Sie war bereit, mit den Stürmen ihrer Vergangenheit Frieden zu schließen und ihre Schöpferkraft in Anspruch zu nehmen.

«Atme tief ein und aus. Stell dir vor, wie du tief in deine innere Welt reist und durch eine wunderschön verzierte goldene Tür in deinem Herzen den Raum deiner inneren Heilung betrittst. Es ist ein Raum, der vollkommen von Licht durchflutet ist und in dem die höchste Schwingung der Liebe fließt, um dich darin zu unterstützen, alles Alte in eine neue liebevolle Energie transformieren zu können. Spüre hier auch meine Anwesenheit. Spüre, wie das gesamte Universum hier ist, um dir zuzuhören, um dich zu leiten. Spüre, wie all die universelle Liebe um dich herum und in dir ist. Nimm wahr, wie sich der Raum für Vergebung, Heilung und Transformation öffnet.

In diesem heilenden Raum deines Herzens warten deine Eltern auf dich. Dein Vater und deine Mutter stehen beide vor dir. Sie sind gekommen, damit du ihnen vergeben kannst. Sie blicken dich verständnisvoll an und sind bereit, dir zuzuhören. Der erste Schritt der Vergebung ist es, dass du ehrlich in dich hineinfühlst, welche Vorwürfe du noch gegen deine Eltern hast. Es kann nur geheilt werden, wo wir die Wahrheit darüber, was wir fühlen, zulassen. Du darfst deinen Eltern alles sagen, was dich verletzt hat und was sie aus deiner Sicht falsch gemacht haben. Halte nichts zurück. Nur wenn wir ehrlich zu uns sind, was wir wirklich denken und fühlen, kann es auch gehen. Es ist vollkommen in Ordnung, dass du noch Vorwürfe in dir trägst. Du musst sie nicht länger verstecken oder sie zurückhalten. Du bist hier in einem sicheren Raum und kannst alles aussprechen, was du bisher in deinem Herzen verschlossen hattest.»

Alma spürte in sich hinein und ließ ihren Gefühlen freien Lauf. Es gab so vieles, was sie verletzt hatte. So viele Momente, in denen ihr Herz gebrochen war und sie sich unfassbar ungerecht behandelt gefühlt hatte. Sie begann, leise zu ihren Eltern zu sprechen, aber nach und nach strömten die Vorwürfe wie ein Wasserfall aus ihr heraus.

Die Vorwürfe gegen ihren Vater, der sie einfach zurückgelassen hatte und nie wieder zurückgekommen war. Er war immer ihr Held gewesen und hatte auf sie aufgepasst. Er war ihr Fels gewesen, hatte ihr das Gefühl von Sicherheit gegeben, und all das war mit ihm an dem Tag verschwunden, als er ging. Der unendliche Schmerz darüber, von ihm verlassen worden zu sein und dass er sie nie wieder besucht hatte. Er hatte ihr Herz gebrochen. Alma sagte ihm all das. Sie hätte ihn am liebsten geschüttelt, so wütend war sie auf ihn. Wie hatte er ihr all das antun können?

Und auch die Vorwürfe gegen ihre Mutter schossen beinahe wie aus einer Pistole aus ihr heraus. Sie hatte so häufig getrunken und sie so oft alleine gelassen. Die vielen Male, die sie stundenlang alleine von der Schule nach Hause gelaufen war, weil ihre Mutter zu betrunken gewesen war, um sie abzuholen. Die Hoffnung, die jedes Mal in ihr aufkam, wenn ihre Mutter ihr versprach, aufzuhören zu trinken, und sie am nächsten Tag doch wieder vollkommen betrunken auf der Couch einschlief und sich Alma ihr Abendessen selbst kochte. Die Geldsorgen, die sie immer und immer wieder hatten, weil ihr Vater ihnen kein Geld schickte und ihre Mutter ständig ihre Jobs verlor, weil sie zu unzuverlässig war.

Wütend sagte sie zu ihnen: Warum habt ihr euch so verhalten? Warum habt ihr mir zuliebe nicht eure Probleme gelöst und auf mich aufgepasst? Warum seid ihr so gewesen?

Ihr strömten jetzt Tränen über die Wangen, die sie so lange zurückgehalten hatte, und doch war es gleichzeitig befreiend, all die Wut und die Vorwürfe auszusprechen und sie nicht länger zu unterdrücken. Erst jetzt wurde ihr richtig bewusst, wie stark sie bereits als Kind gewesen sein musste, um all das zu überstehen und nicht daran zu zerbrechen.

Sie hörte die Stimme von ihrem alten weisen Ich zu ihr vordringen. «Kannst du die Antwort auf diese Fragen dir vielleicht selbst geben? Warum glaubst du, dass deine Eltern sich so verhalten haben? Was könnte in ihrem Leben dazu geführt haben, dass sie so viel Schmerz und Leid in dein Leben weitergegeben haben? Versuch, hinter die Wand der Verletzungen und in die Herzen deiner Eltern zu sehen. Was fühlst du hier? Was müssen sie erlebt haben, um so wenig Liebe in ihrem eigenen Leben geben zu können?»

Alma atmete tief ein und aus, und es schien ihr, als könne sie plötzlich mit ihrem Geist aus ihrem eigenen Körper hinausgehen und sich mit den Herzen ihrer Eltern verbinden. Sie konnte tief in das Herz ihrer Mutter und ihres Vaters blicken und sah auf einmal all den Schmerz, den sie in sich trugen. All die vielen Verletzungen, die sie selbst als Kinder erfahren hatten und die nie geheilt worden waren. Die vielen Momente, in denen sie Angst gehabt hatten und ihre Herzen gebrochen worden waren. Sie sah ihre Mutter als kleines Mädchen, wie sie von ihren Eltern physische Gewalt erfahren hatte, und sie sah ihren Vater als kleinen Jungen, der in einem Kinderheim groß geworden war, ohne jemals die Erfahrung von liebenden Eltern gemacht zu haben. Plötzlich sah Alma nicht mehr ihre Eltern vor sich stehen, sondern zwei kleine, unendlich verletzte Kinder, die nie heilen durften und ihr Leben lang versucht hatten, ihren eigenen Schmerz zu betäuben. Sie hatten als Eltern immer versucht, ihr Bestes zu geben, aber waren selbst so verletzt, dass sie den Weg in ihr eigenes Herz verloren hatten. Sie konnten ihren eigenen Weg nicht sehen.

Eine Welle des Mitgefühls für ihre Eltern überkam Alma. Noch nie zuvor hatte sie darüber nachgedacht, warum ihre Eltern sich ihr gegenüber so verantwortungslos verhalten hatten, aber jetzt wurde ihr klar, warum. Sie hatten es selbst nie gelernt oder erfahren, dass jemand für sie Verantwortung übernahm. Sie waren selbst so sehr verletzt, dass sie keinen Zugang zu ihrem Herzen gefunden hatten. Am liebsten hätte sie ihre Eltern in den Arm genommen und ihnen gesagt, wie leid es ihr tat, dass auch sie so viel Leid in ihrem Leben erfahren hatten. Sie sah jetzt ganz klar, dass das Verhalten ihrer Eltern nichts damit zu tun gehabt hatte, dass sie selbst nicht liebenswert oder besonders war, sondern damit, dass ihre Eltern keine Liebe für sich selbst hatten.

Sie erinnerte sich an die Worte von ihrem weisen alten Ich: Wir können nichts geben, was wir nicht in unserem Inneren tragen. Verletzte Menschen verletzen Menschen. Es ist ein ewiger Kreislauf, und der einzige Weg, diesen Kreislauf zu verlassen, ist es, die Verletzung zu heilen. Wenn Alma selbst an ihren eigenen Verletzungen festhielte, würde auch sie in diesem Kreislauf gefangen bleiben.

Sie spürte nicht nur eine Welle des Mitgefühls für ihre Eltern, sondern auch für sich selbst. Sie war durch so viele schwere Momente gegangen, und ihr Herz war so oft gebrochen worden, und dennoch war sie jetzt hier und fühlte all diese Liebe, die sie durchströmte. Auch wenn es damals unendlich weh getan hatte und sie sich liebevolle Eltern gewünscht hätte, waren es vielleicht genau die Eltern, die sie als Seele gewählt hatte, um die Erfahrung von Heilung und Vergebung machen zu können.

Leise sagte ihr weises altes Ich zu Alma: «Du bist jetzt bereit, die Vergangenheit loszulassen. Nimm dafür noch einmal bewusst wahr, wie viel Gewicht du durch all die alten Vorwürfe schon so lange mit dir herumträgst. Werde dir darüber bewusst, welchen Effekt diese Vorwürfe auf dein gesamtes Leben, deine Zukunft und deine Beziehung mit anderen Menschen haben. Mach dir bewusst, wie du durch diese Vorwürfe niemals dein eigenes Potenzial entfalten kannst, weil du im Kreislauf der Verletzungen gefangen bist. Triff in dir die bewusste Entscheidung, jetzt aus diesem Kreislauf auszusteigen und dadurch nicht nur mit dir selbst, sondern auch mit dem gesamten Universum wieder in Harmonie zu kommen. Mache hierfür einen Schritt auf deine Eltern zu und lege deine Hände auf ihr Herz. Spüre, wie die universelle heilende Liebe und Weisheit in diesen Moment der Vergebung fließen darf und wie ihr von Heilung und Transformation umhüllt werdet. Wie alter Schmerz nachlässt und in dir neuer Raum entsteht, der jetzt mit Liebe gefüllt werden kann. Sage deinen Eltern: Ich vergebe euch. Ich kann jetzt sehen, dass ihr euer Bestes gegeben habt, und ich mache euch nicht länger für mein Glück verantwortlich. Ich entscheide mich, Frieden mit euch und all meinen Erfahrungen zu schließen, weil ich glücklich sein möchte. Durch euch durfte ich lernen, wie ich mein Leben nicht leben möchte. Durch euch durfte ich erkennen, dass ich geliebt bin, ohne dass ich dafür Liebe im Außen erfahren muss. Ich bin jetzt frei. Frei, mein eigenes Leben zu erschaffen und all den alten Schmerz hinter mir zu lassen. Danke für alles. Ich vergebe euch.»

Alma legte ihre Hände auf die Herzen ihrer Eltern und stellte sich vor, wie sie in ein heilendes goldenes Licht getaucht wurden. Dann sprach sie die Sätze der Vergebung, und es fühlte sich an, als würde eine unendliche, liebevolle Kraft sie durchströmen und sie mit einer Energie in ihr verbinden, die sie noch nie zuvor so intensiv in sich gespürt hatte. Es war die Energie des Lebens, die sie von Kopf bis Fuß durchströmte, und mit ihr das Wissen, dass sie ihr Herz geöffnet hatte. Alle ihre alten negativen Überzeugungen über sich selbst wurden durch diese neue Energie gelöscht und durch neue liebevolle Gedanken ersetzt. Sie war vollständig. Vollständig in Frieden mit ihrer Vergangenheit, mit dem Leben und mit sich selbst. Keine Leere mehr, kein Schmerz mehr, sondern einfach nur sie in ihrer Einzigartigkeit. Sie umarmte ihre Eltern zur Verabschiedung und fühlte nichts als Dankbarkeit. Es erschien ein großes weißes Licht vor ihnen, in das ihre Eltern hineingingen und immer kleiner wurden, bis sie vollkommen im Licht verschwunden waren.

«Vergebung ist ein so heilsamer innerer Prozess, nicht wahr?», hörte sie die Stimme ihres weisen alten Ichs. «Sie reinigt dein Herz, und ab jetzt kannst du sie immer anwenden, wenn du spürst, dass du im Ungleichgewicht bist. Manchmal kommen alte Vorwürfe noch mal hoch und wollen gesehen und geheilt werden. Dann kannst du einfach hier in den Raum deines Herzens zurückkehren und die Entscheidung treffen zu vergeben. Je öfter du vergibst, desto leichter wird es dir fallen. Weil du jetzt weißt, dass Vergebung dich selbst befreit. Es gibt jedoch noch einen Menschen, der jetzt auf deine Vergebung wartet.»

Alma wusste, dass dieser Mensch sie selbst war. Denn auch sie hatte durch ihre eigenen Verletzungen unbewusst so viel Schmerz in ihr eigenes Leben, aber auch in das Leben anderer Menschen gebracht. Sie hatte Menschen verlassen, die sie liebten, sie hatte immer wieder Drama in ihren Beziehungen erzeugt, weil sie so eifersüchtig und unsicher gewesen war. Sie hatte schlecht über andere Menschen gesprochen, weil sie dann das Gefühl gehabt hatte, selbst besser dazustehen. Vor allen Dingen aber war sie so lange Zeit ihres Lebens unglaublich hart mit sich selbst gewesen. Sie hatte sich selbst nie die Chance gegeben, wirklich aufzublühen und an ihre Träume zu glauben. *Ja*, dachte Alma, *es gibt so vieles, was ich mir vergeben möchte.*

«Um dir selbst zu vergeben, erlaube der heilsamen universellen Energie der Liebe, durch dich hindurchzufließen, und sage zu dir selbst: Es tut mir leid, dass ich so lange Zeit meines Lebens hart mit mir gewesen bin und nicht nur Schmerz in mir, sondern auch um mich herum erzeugt habe. Ich kann jetzt klar sehen, warum Menschen einander verletzen, weil auch ich anderen Schmerzen zugefügt habe, ohne es zu wollen. Durch meine Vergebung kann ich nicht nur mir selbst Mitgefühl entgegenbringen, sondern auch allen anderen Menschen. Ich vergebe mir, weil ich dadurch zurück in mein Herz finde und statt Schmerz Liebe in die Welt tragen kann. Dieses Leben ist die Schule der Liebe, und alles, was ich bisher erlebt habe, bringt mich jetzt an den Punkt, Liebe zu wählen. Ich wusste es bisher nicht besser, aber jetzt, da ich es besser weiß, werde ich es besser machen. Ich vergebe mir. Ich lade die Liebe in mein Leben ein. Danke.»

Alma ließ sich tief in die Geborgenheit ihres Herzens sinken und wiederholte die heilsamen Worte der Selbstvergebung. Wort für Wort lösten sich die Vorwürfe gegen sich selbst von ihr ab. Sie ließ alles los, und sie empfing daraufhin alles, was sie geglaubt hatte, verloren zu haben. Dankbarkeit durchflutete ihr Herz. Endlich durfte ihr Herz wieder atmen und lieben.

Getragen von dieser Liebe und der Verbindung zu sich selbst, kehrte sie langsam wieder zurück zu ihrem weisen alten Ich. Der wunderschöne Nachthimmel leuchtete immer noch über ihnen, und alles war in eine magische Ruhe eingetaucht.

Alma richtete sich auf und umarmte ihr weises altes

Ich für eine gefühlte halbe Ewigkeit. «Danke für alles», flüsterte sie leise. «Ich fühle mich so frei. Danke.»

Ihr weises altes Ich gab ihr einen Kuss auf die Stirn und streichelte ihr liebevoll über die Wange. «Ich danke dir. Dadurch, dass du losgelassen und vergeben hast, hast du überhaupt erst die Möglichkeit geschaffen, dass ich existieren kann. Ich möchte gerne mehr darüber erfahren, wie es dir jetzt geht. Wie fühlst du dich? Wenn du jetzt auf deine Vergangenheit schaust und auf all die Erfahrungen, die du darin gemacht hast, welche neue Bedeutung könntest du ihr geben? Wer kannst du heute sein, vielleicht sogar dank all dieser Erfahrungen?»

Alma dachte über die Fragen nach und antwortete dann nach einer Weile: «Wenn ich jetzt zurückschaue, erkenne ich, dass all diese Erfahrungen genau das waren, was mich zu dir geführt hat und mir jetzt diese Welt hier ermöglicht. Ohne meinen Wunsch nach Heilung wäre ich womöglich nie auf diese spannende Reise in meine innere Welt gegangen. Ich kann auch sehen, dass das Verhalten meiner Eltern nichts mit mir zu tun hatte. Meine Eltern haben ihr Bestmögliches gegeben. Sie haben mich geliebt, aber konnten sich selbst nicht lieben. Das kann ich nun sehen, und es ist in Ordnung für mich.

Ich bin noch da. Ich habe es geschafft. Ich kann jetzt die Entscheidung treffen, es ganz anders als meine Eltern zu machen. Ich darf heilen. Ich darf den Kreislauf meiner Vorfahren und aller Verletzungen durchbrechen und mir ein glückliches Leben erschaffen. Nur durch die Erfahrungen meiner Kindheit kann ich meine wahre Stärke überhaupt sehen. Sie machen mich mitfühlend und vielleicht sogar ein kleines Stück weiser. Ich erinnere jetzt nicht mehr nur die Momente, in denen mich meine Eltern verletzt haben, sondern auch die, in denen sie versucht haben, mir schöne Momente zu schenken. Mein Vater, der mir abends die spannendsten Gutenachtgeschichten erzählt hat, meine Mutter, die, wenn sie nüchtern war, mit mir durch die Wohnung getanzt ist.

Letztlich haben mir beide mein Leben geschenkt, und ohne sie würde ich überhaupt nicht existieren. Ich sehe jetzt, dass ich nur gewinne, wenn ich meine Vorwürfe an sie loslasse. Ich kann wieder lieben, ich kann lernen zu vertrauen, ich kann meinen Träumen folgen, ich kann leben. Es ist wie ein Wunder in mir, das alles verändert hat.»

Alma strahlte übers ganze Gesicht, während sie sprach. Ihre gesamte Geschichte transformierte sich in ihr zu ihrer eigenen Heldinnengeschichte, in der sie ihre inneren Drachen besiegt hatte und jetzt zurück in ihr eigenes Königinnenreich reiten konnte.

«Darf ich mir schnell all diese Gedanken in mein Notizbuch schreiben? Ich möchte nichts davon vergessen!», fragte sie ihr altes weises Ich.

«Natürlich! Dafür ist dein Notizbuch ja da. Nimm dir all die Zeit, die du brauchst.»

Alma griff nach dem Notizbuch, schlug die nächste leere Seite auf und begann, ihre wichtigsten Gedanken, so schnell sie konnte, darin festzuhalten:

1. *Bedingungslose Liebe ist die höchste Form des spirituellen Daseins.*

2. *Das Leben ist die Schule der Liebe.*

3. *Die Frage ist immer: Wie sehr kannst du in diesem Moment lieben?*

4. *Alles beginnt mit der Liebe für sich selbst. Sie öffnet die Tür, um zu sich selbst zurückzufinden.*

5. *Ich bin hier, um mich immer daran zu erinnern, dass ich Liebe bin und dass es meine einzige Aufgabe ist, diese Liebe zu teilen.*

6. *Verletzte Menschen verletzen Menschen. Solange ich selbst verletzt bin, werde ich immer auch andere verletzen.*

7. *Negative Gefühle entstehen nur deswegen, weil ich mich von der Liebe in mir getrennt habe.*

8. Der Schmerz, den ich in mir fühle, kann nur so lange existieren, wie ich ihn durch meine Gedanken am Leben halte.

9. Der Schlüssel für inneren Frieden heißt Vergebung.

10. Aus tiefstem Herzen zu vergeben, bedeutet, dass ich Frieden schließe mit dem, was war, um das in Empfang nehmen zu können, was auf mich wartet.

11. Nur das, was wir ehrlich anerkennen, können wir auch gehen lassen.

12. Solange wir nicht vergeben, verlieren wir selbst. Vergebung ist die Entscheidung, selbst nicht mehr zu leiden. Es bedeutet, dem, was war, zuzustimmen, ohne weiter dagegen zu kämpfen, weil ich die Vergangenheit nicht ändern kann, dafür aber meine Zukunft.

13. Zu vergeben bedeutet, die Ebene des Egos zu verlassen und aus den Augen der Seele auf mein Leben zu blicken.

KAPITEL 6

Glaube an Wunder

Alma wurde von einem angenehm warmen Sonnenlicht geweckt, das durch das Fenster auf ihr Gesicht fiel, und von dem leckeren Duft von frischem Kaffee, der ihr in die Nase strömte. Sie öffnete langsam ihre Augen und blickte sich in dem Zimmer um, in dem sie geschlafen hatte. Sie lag in einem großen gemütlichen Bett mit weichen Kissen und Blick in den wunderschönen Garten durch die geöffneten Fenster, die vom Boden fast bis zur Decke reichten. Sie beobachtete die Palmen, die sich draußen im Wind wiegten, und lauschte dem fröhlichen Zwitschern der Vögel. Alles war noch ganz verzaubert von dem Neubeginn des Tages und in das rosafarbene Licht des Sonnenaufgangs getaucht.

Rechts neben dem Fenster stand eine Staffelei aus Holz mit einem kleinen runden Tisch daneben, auf dem Pinsel und Farben lagen. Auf der Leinwand war ein offenbar gerade angefangenes Bild aus warmen Pastelltönen zu sehen. Es zeigte die Skizze einer jungen Frau, die mit ausgebreiteten Armen auf einem Surfbrett eine Welle ritt. Der Himmel war noch nicht ausgemalt, und es fehlten noch die letzten Farbtupfer, aber schon jetzt strahlte das Bild eine unglaubliche Lebensenergie aus. Das Türkis des Meeres, die geschwungene fließende Welle und das Lachen auf dem Gesicht der jungen Frau ließen auch Alma lächeln. *Das möchte ich auch gerne machen*, dachte sie und erinnerte sich an die leeren Bilderrahmen im Wohnzimmer, die auf ihre Träume warteten, und stellte sich vor, wie dieses Bild perfekt in eines der Bilderrahmen passen könnte.

Zufrieden darüber, dass sie ihren ersten Traum gefunden hatte, ließ sie ihren Blick langsam weiter durch das ganze Zimmer schweifen und erinnerte sich an den gestrigen Abend. Sie hatte noch bis lange in die Nacht mit ihrem weisen alten Ich auf der Veranda gesessen. Gemeinsam hatten sie die Sterne beobachtet, die über ihnen am Himmel strahlten, und über die Kraft der Vergebung gesprochen.

Bevor sie schlafen gingen, hatte ihr weises altes Ich Alma noch eine sehr lehrreiche Geschichte erzählt, die ihr jetzt wieder einfiel. Sie handelte von einem Schüler, der die Schule der Liebe besuchte und der bereits sehr fortgeschritten war und in vielen Situationen seines Lebens Liebe wählte. Aber es passierten dennoch immer wieder Dinge, die ihn erneut verletzten oder wütend werden ließen. Eines Tages war der Schüler sehr frustriert darüber und fragte seine Lehrerin, wann er denn endlich die Schule der Liebe bestanden haben würde, weil er immer und immer wieder vor neue Prüfungen gestellt wurde.

Die Lehrerin blickte ihn liebevoll an und sagte: «Es gibt keinen Abschluss in der Schule der Liebe – das Einzige, was du bekommst, ist ein Zeugnis am Ende deines Lebens, wie sehr du geliebt hast. Deine Seele möchte sich selbst als Liebe erfahren, und das an jedem Tag, in jeder Stunde und in jedem Augenblick. So wie sich das Licht nur in der Dunkelheit selbst als Licht erkennen kann, kann sich auch die Liebe hier auf der Erde nur erfahren, wenn sie all dem gegenübersteht, was sie nicht ist. Es gibt keinen Grund, frustriert zu sein. Das Leben liebt dich so sehr, dass es dir durch all die neuen Herausforderungen immer wieder das Geschenk macht, erneut Liebe wählen zu können. Es sagt dir damit: Ich weiß, dass dich diese Erfahrung noch näher an die Liebe bringen wird.

Jeder Konflikt ist eine Möglichkeit, Liebe in Form von Vergebung zu erfahren. Jede Verletzung ist eine Möglichkeit, Liebe in Form von Heilung zu erfahren. Jeder Verlust ist eine Möglichkeit, Liebe in Form von Loslassen zu erfahren. Jeder Angst ist eine Möglichkeit, Liebe in Form von Vertrauen zu erfahren.

Schülerin oder Schüler an der Schule der Liebe zu sein, bedeutet, dein Leben lang immer und immer wieder neue Herausforderungen geschenkt zu bekommen und sie zu nutzen, um Liebe zu lernen. Es ist nicht das Ziel dieser Schule, irgendwann ohne Herausforderungen durchs Leben zu kommen. Es ist das Ziel zu lernen, genau diese Herausforderungen ebenso in Liebe anzunehmen wie die schönen Momente. Alles gehört zu dir.»

Von diesem Tag an begann der Schüler, auch die Herausforderungen und Prüfungen in seinem Leben zu lieben, und war ihnen sogar dankbar, denn er hatte verstanden, dass es gerade die Herausforderungen waren, die die Liebe für ihn erfahrbar machten.

Almas Herz wurde ganz leicht, als sie sich an die Geschichte erinnerte. Ihre Lehre war so heilsam für sie: Es ging im Leben nicht darum, Schmerz um jeden Preis zu vermeiden. Sie wusste jetzt, dass es einzig und allein wichtig war, sich immer daran zu erinnern, dass es nichts gibt, was das Herz nicht heilen kann, und dass das Leben ihr immer wieder neue Möglichkeiten schenken würde, Liebe zu geben und auch zu erfahren.

Glücklich schwang sie ihre Füße aus dem Bett und folgte dem Geruch des frischen Kaffees, der unter der Zimmertür hindurch in ihre Nase stieg. Als sie sich gestern Nacht ins Bett gelegt hatte, war es bereits dunkel gewesen, und sie konnte sich nicht mehr genau daran erinnern, wie der Rest des Hauses aussah. Neugierig öffnete sie die Tür und blickte in einen weiten Flur, von dem mehrere Zimmer abgingen. In der Mitte des Flurs stand ein kleiner Wandtisch, auf dem ein Spiegel mit einem goldenen Rahmen lehnte. Wie das Zimmer, in dem sie geschlafen hatte, war auch der Flur mit weißen Holzdielen ausgelegt, auf denen viele bunte Teppiche in unterschiedlichen Größen und Formen lagen. An einem Ende des Flurs schien die Haustüre zu sein, und am anderen Ende entdeckte Alma die Tür, die ins Wohnzimmer führte. Sie ging in Richtung des Wohnzimmers und blieb an einer der Türen stehen, die offen stand und aus der sie das Klappern von Geschirr hörte. Es war die Küche, und ihr weises altes Ich war gerade dabei, den duftenden Kaffee in zwei Tassen zu gießen. Sie hatte ein weißes Nachthemd an, war wie immer barfuß, trug ihre langen weißen Haare offen und strahlte wie das blühende Leben. Als sie Alma im Türrahmen entdeckte, winkte sie sie zu sich.

«Guten Morgen! Ich hoffe, du hast gut geschlafen und konntest dich erholen. Ich hab uns schon mal einen Kaffee gekocht. Wir müssen uns ein bisschen beeilen, um noch die Magie des Sonnenaufgangs einzufangen. Komm, lass uns zusammen nach draußen gehen.»

Sie drückte Alma eine der beiden Kaffeetassen in die Hand, gab ihr einen Gutenmorgenkuss auf die Stirn und hüpfte beinahe aus der Küche hinaus ins Wohnzimmer und von dort auf die Veranda. Alma musste unwillkürlich lachen bei dem Anblick der alten Frau in dem weißen Nachthemd, die mit der Energie von einem kleinen Kind, das nicht mehr schlafen wollte, durchs Haus flitzte. Ihre Lebensfreude war einfach ansteckend. Schnell folgte sie ihr nach draußen und blickte von der Veranda aus in den Garten, der ebenfalls gerade aus seinem Schlaf erwachte und von den ersten Sonnenstrahlen erhellt wurde.

Ihr weises altes Ich ging die Stufen der Veranda hinunter und bedeutete Alma, ihr hinterherzukommen. Sie gingen den schmalen Weg durch den Garten zu der weißen Bank, die unter dem Baum mit den wunderschönen Blüten stand. Von hier aus konnten sie bis zum Horizont blicken, wo die Sonne sich gerade in ihrem warmen Licht über dem Meer erhob und alles Leben in ihre warmen Strahlen eintauchte. Gemeinsam setzten sie sich auf die Bank und blickten der Sonne entgegen.

«In jedem neuen Morgen liegt ein ganz besonderer Zauber, weil jeder Tag, der vor dir liegt, wie ein kleines neues Leben ist, das dir geschenkt wird. Je bewusster du deinen Tag mit einer liebevollen und klaren Energie beginnst, desto mehr wird genau diese Energie auch in deinem gesamten Tag zu dir zurückkehren. Dein Geist kann dir immer nur so weit dienen, wie du ihn bewusst ausrichtest auf das, was du erschaffen möchtest. Dein Morgen sollte ab heute deine heiligste Zeit werden, in der du in dir bereits all das siehst und als Energie in den Tag schickst, was du heute sein möchtest. Genauso wie die Sonne der Erde ihr Licht schenkt, darfst du dir jeden Morgen selbst dein Licht schenken.

Schließe deine Augen und bringe deine Aufmerksamkeit in dein Herz. Stell dir vor, wie du in dir die Sonne aufgehen lässt und wie all die vielen Sonnenstrahlen Liebe in deine gesamte innere Welt fließen lassen. Begrüße das Leben in dir und um dich herum. Erinnere dich an deine Schöpferkraft und daran, dass du über deine Gedanken deine Erfahrungen erschaffst. Alles beginnt immer in deiner inneren Welt. Welchen Gedanken über dich selbst möchtest du heute zum Ausdruck bringen? Was ist dein ICH BIN, das du heute leben möchtest? Genieße diesen Augenblick in dir.»

Ihr altes weises Ich schloss ebenfalls ihre Augen, und Alma tauchte in ihre innere Welt. Es war ein vollkommen neues Gefühl für sie, dass der Ort in ihr zu einem Ort geworden war, an dem sie sich gerne aufhielt, der sich warm und liebevoll anfühlte. Sie stellte sich vor, wie sie alles in sich mit Liebe erfüllte, und fragte sich, wer sie heute sein wollte. Was war der höchstmögliche Gedanke über sie selbst, dem sie heute Ausdruck verleihen wollte? In ihr stiegen aus ihrem Herzen die Worte auf: *Ich bin schöpferische Liebe.*

Alma spürte die unendliche Kraft dieser Worte, spürte, wie sie sich in ihr entfalteten. Sie erinnerte sich daran, dass ihr weises altes Ich ihr gesagt hatte, dass die beiden Worte ICH BIN die Einleitung der universellen Formel für jede Erfahrung waren. Alma ließ ihren Tag vor ihrem inneren Auge wie einen Film abspielen und stellte sich vor, wie genau sie diesen Worten Ausdruck verleihen konnte. Als schöpferische Liebe wäre sie kreativ, voller Vertrauen in alles, was sie tat, und sie würde aktiv erschaffen wollen. Sie würde Entscheidungen treffen, die in Einklang mit diesem Gedanken waren, und würde liebevoll mit sich selbst und allen anderen sein. Sie würde Freude haben, tanzen, Leichtigkeit fühlen und jeder Herausforderung mit Vertrauen begegnen, denn sie wüsste, dass sie für alles eine Lösung finden kann.

Wow, dachte sie, *was für ein wundervoller Tag vor mir liegt. Ich bin bereits jetzt so erfüllt von Dankbarkeit für alles, was ich heute erschaffen darf. Ich kann es gar nicht erwarten, diesen Tag zu erschaffen.* Sie lächelte dankbar in sich selbst hinein. Was für eine wundervolle Erfahrung diese Freude war, sich selbst wieder zu spüren und dem Tag mit einem von Dankbarkeit erfüllten Herzen entgegenzublicken.

Als sie ihre Augen langsam wieder öffnete, spürte sie, wie ihr wieder einmal Freudentränen über die Wangen liefen. Sie war wirklich bei sich selbst angekommen. Sie hatte den Weg in ihr Herz gefunden und fühlte sich so sehr mit sich selbst verbunden. Sie blickte zu ihrem alten weisen Ich, das noch ganz still und in seiner Meditation versunken neben ihr saß. Die Vorstellung, dass ihr weises altes Ich ihr eigenes Potenzial in ihrer Zukunft verkörperte, erfüllte sie mit so viel Freude und Dankbarkeit, dass ihr Herz beinahe zu platzen schien. *Danke, dass du mich zu dir geführt hast,* dachte Alma voller Liebe, während sie diesen heiligen Moment versuchte, in sich für immer festzuhalten.

Sie nahm einen Schluck von dem duftenden Kaffee, den sie noch in ihrer Hand hielt, und genoss den Blick durch den Garten, die Stille, den Frieden und auch die Vorfreude auf alles, was jetzt vor ihr lag. Ihr weises altes Ich kehrte aus ihrer Meditation zurück und öffnete ihre strahlenden grünen Augen. Sie sah Alma an, und Alma konnte in die Tiefe ihrer ganzen Seele blicken. Sie konnte plötzlich all die Leben sehen, die sie bereits gelebt hatte, und all die Leben, die noch vor ihr lagen. Aber vor allen Dingen sah sie das Licht, das sie selbst war. Sie war so viel mehr, als sie bisher immer in ihrem Leben über sich gedacht hatte.

«Danke», sagte sie leise zu ihrem alten weisen Ich, «ich bin dir so dankbar für alles.»

«Du darfst dir selbst dankbar sein, denn all das hier existiert nur aus einem einzigen Grund, nämlich weil du es erschaffen hast. Wie gesagt, ich bin hier, weil du dich einer höheren Möglichkeit von dir geöffnet hast. Es kann immer nur das in unser Bewusstsein und damit in unser Leben treten, was wir erlauben. Deswegen bin ich auch neugierig. Erzähl mir von deinem Gedanken über dich selbst, dem du heute Ausdruck verleihen möchtest.»

«Ich bin schöpferische Liebe», antwortete Alma sofort und voller Elan und Überzeugungskraft. «Ich fühle mich damit unglaublich verbunden, kreativ und voller Vertrauen. Am liebsten würde ich direkt mein gesamtes Leben neu erschaffen!»

«Wunderbar!», freute sich ihr altes weises Ich. «Denn heute wirst du lernen, wie du deine Schöpferkraft tatsächlich aktiv in deinem Leben anwenden kannst, um deine Träume zu erschaffen. Komm, gehen wir ins Wohnzimmer und füllen endlich die leeren Bilderrahmen mit Leben.» Sie hüpfte geradezu von der Bank hinunter und ging so flink den Weg zurück ins Haus, dass Alma kaum mitkam.

Im Wohnzimmer holte sie alle leeren Bilderrahmen aus dem Bücherregal und stellte sie vor Alma auf den großen Holztisch.

«Setz dich, meine Liebe. Lass uns in die wundervolle Welt des Manifestierens eintauchen», sagte sie und klatschte vergnügt in ihre Hände.

Alma setzte sich auf einen der Stühle am Tisch und blickte auf die leeren Rahmen. Es waren zehn unterschiedliche Holzrahmen, alle hatten eine andere Größe, manche waren bunt angemalt, manche waren weiß, und manche waren noch in ihrer Holzfarbe.

«Was genau bedeutet Manifestieren?», fragte sie ihr weises altes Ich, die sich auf den Stuhl neben sie setzte und genüsslich einen Schluck von ihrem Kaffee nahm.

«Das ist eine wundervolle Frage! Manifestieren ist die Fähigkeit, etwas Unsichtbares sichtbar werden zu lassen. Um genau zu sein, bedeutet es, dass du deine Wünsche, die immer zuerst nur als Gedanken in der feinstofflichen Ebene existieren und dadurch für das menschliche Auge unsichtbar sind, im Außen sichtbar werden lassen kannst.

Es gibt kaum ein wertvolleres Wissen als das über die Kraft des Manifestierens. Wenn du die Schritte des Manifestierens kennst und bewusst anwendest, wirst du in deinem Leben ein Wunder nach dem anderen erleben. Die Wahrheit ist sogar, dass wir immer manifestieren. Wir können gar nicht *nicht* manifestieren. Nur wissen die wenigsten Menschen, wie sie sich auch tatsächlich das manifestieren können, was sie wirklich wollen. Denn wir manifestieren nicht das, was wir wollen, sondern das, was unserer Schwingung entspricht. Das sind zwei komplett unterschiedliche Paar Schuhe.

Viele Menschen möchten gerne erfolgreich sein, viel Geld besitzen oder in einer erfüllten Beziehung sein. Aber aus irgendeinem Grund haben sie ständig Schulden, werden von ihrem Partner betrogen oder verlieren ihren Job. Woran liegt das? Es liegt ganz einfach daran, dass wir in einem Universum leben, in dem alles aus Energie besteht, und die einzige Sprache, die das Universum spricht, ist die Sprache der Schwingung und Frequenz. Wenn jemand zwar von seinem Verstand her Liebe und Erfolg erfahren möchte, aber in Wahrheit unbewusst davon überzeugt ist, nicht liebenswert oder nicht genug zu sein, dann wird er immer das manifestieren, woran er unbewusst glaubt. Das liegt daran, dass die Schwingung unserer Gefühle eine tausendfach stärkere Frequenz aussendet als unsere Gedanken. Wir manifestieren immer das, was unserer Schwingung entspricht, nicht das, was wir wollen. Wir manifestieren nicht, was wir denken, wir manifestieren, wie wir uns fühlen und welche Schwingung wir damit aussenden.

Und genau das ist, was du dir bitte immer merken musst: Die wichtigste Frage ist nicht, was möchtest du haben? Die wichtigste Frage ist, wer möchtest du sein? Denn dein Sein drückt immer deine Energie aus, und diese Energie bestimmt, was du erhältst. Deswegen sind die beiden Worte ICH BIN so unendlich schöpferisch und die universelle Formel des Manifestierens. Denn solange dein Sein, also deine Identität, auf der Frequenz des Mangels schwingt, wirst du mehr Mangel manifestieren. Du hast in deinem Leben bisher so oft genau diese Erfahrung gemacht, weil du dir nicht über deine eigene schöpferische Kraft bewusst gewesen bist und auch nicht darüber, dass du bewusst deine Erfahrungen erschaffen kannst. Du warst so gefangen in deinem Schmerz und dem Leid, dass du immer mehr davon erschaffen hast. Ganz einfach deswegen, weil dein gesamter Fokus auf Mangel ausgerichtet war. Du hast dich immer gefragt, warum dir so viel Negatives passiert oder du unglücklich bist, anstatt deinen Fokus darauf auszurichten, was bereits an Fülle in deinem Leben ist.

Von dem, worauf wir unseren Fokus richten, kommt immer mehr in unser Leben. Das Wunder entsteht, wenn wir beginnen, in unser Herz und in eine vollkommen neue kraftvolle Energie zurückzufinden, denn das Gute ist, dass es andersherum natürlich ebenso funktioniert. Wenn deine Identität, das, wovon du tief in deinem Herzen überzeugt bist, aus dem Bewusstsein Fülle und Liebe entsteht, dann wirst du immer mehr Fülle in deinem Leben anziehen. Das ist das Gesetz der Anziehung. Es besagt, dass Gleiches immer mehr von dem Gleichen anzieht. Es geht nicht darum, was wir tun, sondern mit welcher Energie wir es tun. Es geht immer nur um deine Energie. Sie bestimmt alles.

Wenn du alles mit Liebe tust, wirst du immer Liebe erfahren. Deine neue Identität ‹Ich bin schöpferische Liebe› ermöglicht dir ein vollkommen neues Leben, weil du mit ihr deine gesamte Energie verändert hast. Du schöpfst jetzt aus der Fülle und der Liebe, während du vorher aus der Angst und dem Misstrauen heraus erschaffen hast. Du wirst sehen, dass diese Veränderung in dir auch alles im Außen verändern wird. Sie verändert, welche Gedanken du denkst, sie verändert, worauf du deinen Fokus richtest, sie verändert, wie du dich fühlst, und dadurch auch, welche Entscheidungen du triffst.»

«Ja, du hast absolut recht! Mein Fokus war immer darauf gerichtet, mich selbst als Opfer meiner Erfahrungen zu sehen und anderen die Schuld dafür zu geben. Oder ich habe mir immer bereits vorher schon vorgestellt, wie etwas Schlimmes passiert, dass ich wieder verlassen werde. Ich war komplett im Misstrauen und habe dadurch auch nur Erfahrungen gemacht, die mich immer wieder in diesem Misstrauen bestätigt haben. Jetzt spüre ich, welche Kraft darin liegt, meinen Fokus bewusst auszurichten. Ich weiß, dass ich mit dem, was ich in meiner Zukunft sehe, selbst bestimmen kann, wie ich mich im Hier und Jetzt fühle. Ich denke eigentlich schon jetzt gar nicht mehr daran, was schiefgehen könnte, sondern fokussiere mich im Gegenteil nur darauf, was ich alles Wundervolles erleben werde und wie viel Liebe sich durch mich in der Welt zeigen kann. Ich bin geradezu ungeduldig, endlich wirklich ins Erschaffen kommen zu dürfen!», sagte Alma zustimmend.

«Diese Ungeduld kann ich gut verstehen, doch brauchst du sie nicht. Das Universum hat keine Eile. Alles hat sein göttliches Timing, darauf darfst du dich immer verlassen. Ungeduld ist auch ein Ausdruck von Misstrauen, weil du nicht darauf vertraust, dass sich alles zu seiner rechten Zeit für dich entfalten wird. Vertrauen ist eine der elementaren Voraussetzungen, damit deine Manifestation realisiert wird. Zu vertrauen, dass das, was du erschaffen möchtest, so oder sogar noch besser in deinem Leben erscheinen wird, wird es sogar noch schneller in Erscheinung treten lassen, weil du dadurch bereits jetzt in Fülle bist.

Aber lass uns vorne beginnen, denn es gibt unterschiedliche Schritte, die du bei dem Manifestieren beachten solltest. Den ersten Schritt, um deine Manifestationskraft zu entfesseln, hast du bereits getan, indem du in dein Herz zurückgefunden und Frieden geschlossen hast. Dein Herz ist das innere Tor zur Liebe und damit zu der höchsten Frequenz, die du hinaussenden kannst. Durch die Vergebung hast du deine Energie zu dir zurückgeholt, die durch deine Vorwürfe in der Vergangenheit festgehalten wurde. Jeden Vorwurf, den wir haben, kannst du dir vorstellen als eine energetische Ankettung an deine Vergangenheit. Durch einen Vorwurf etwa an deine Eltern oder einen Exfreund oder an wen auch immer ist dein Fokus automatisch in der Vergangenheit, und du gibst dem jeweiligen Menschen die Macht darüber, wie du dich im Hier und Jetzt fühlst. Es ist, als würdest du einem anderen Menschen die Entscheidung überlassen, was aus deinem Leben entstehen darf. Dabei hat dieser Mensch vielleicht schon längst gar nichts mehr in deinem Leben zu suchen oder ist sich vielleicht noch nicht einmal darüber bewusst, dass er oder sie dich zu einem bestimmten Zeitpunkt in deinem Leben verletzt hat. Du aber willst, dass sich die Vergangenheit ändert, indem du weiterhin an den schlechten Gefühlen festhältst. Die Wahrheit ist: Die Vergangenheit verändert sich dann, wenn du die schlechten Gefühle endlich loslässt. Denn dann kommt deine Energie zu dir zurück, und du kannst sie nutzen, um im Hier und Jetzt das zu erschaffen, was du wirklich möchtest.

Deine gesamte Energie und die Verbindung zur universellen Fülle stehen dir dann vollkommen zur Verfügung, um schöpferisch sein zu können, während sie vorher in deiner Vergangenheit feststeckten. Denn wie ich dir erklärt habe, ist Manifestieren nichts anderes als die Umwandlung von feinstofflicher Energie, wie zum Beispiel deinen Gedanken und Gefühlen, in grobstoffliche Energie, wie zum Beispiel eine bestimmte Erfahrung, die du machst, oder etwas, das du besitzt. Je mehr Energie du zur Verfügung hast, desto leichter kannst du manifestieren.

Der zweite Schritt ist es, dich zu fragen, wie du diese Liebe in deinem Leben ausdrücken und auch selbst erfahren möchtest. Dafür brauchst du eine Vision für deine Zukunft. Du erinnerst dich daran, dass alles, worum es im Leben geht, ist, dich selbst als Liebe zu erfahren und Liebe auszudrücken. Jetzt kannst du deine Wünsche und Träume formulieren und sie als einen Ausdruck von Liebe in deinem Leben entfalten.»

Sie zeigte auf die leeren Bilderrahmen und fuhr fort: «Diese Bilderrahmen stehen für die zehn Lebensbereiche, die jeder Mensch in seinem Leben hat. Sie stehen für deine Liebesbeziehungen, deine Familie, deine Gesundheit, deinen Beruf, deine Finanzen, deine Spiritualität, deine Kreativität, deine Umgebung, deine Freizeit und die Veränderung in der Welt, die du bewirken möchtest. Jeder dieser Bilderrahmen darf von dir mit einer Vision erfüllt werden. Eine Vision ist ein klares inneres Bild, das du in dir trägst und in deine Zukunft projizierst. Es ist das, was du gerne in deiner Zukunft erschaffen möchtest. Denn nur wenn du Klarheit darüber hast, was du erschaffen möchtest, kannst du es auch Realität werden lassen. Die meisten Menschen konzentrieren sich meistens auf das, was sie nicht wollen, anstatt auf das, was sie sich wünschen, und senden damit durchgehend die Frequenz von Mangel ins Universum. Eine klare Vision von deiner Zukunft zu haben, ermöglicht es dir hingegen, alle deine Handlungen und deine Entscheidungen auf genau diese Zukunft auszurichten. Manifestieren ist deine Fähigkeit, das Unsichtbare sichtbar werden zu lassen. Das Unsichtbare ist zuerst die Vision in dir. Das Sichtbare ist das Erscheinen dieser Vision in deiner äußeren Welt. Eine Vision ist nichts, was dir irgendwann vielleicht zufällig vor die Füße fällt. Du brauchst nicht darauf warten, dass du deine Vision findest. Es ist ein aktiver kreativer Prozess, eine Vision zu erschaffen. Sie entsteht durch dich selbst. Du formst deine Vision. Sie ist das Bild von deiner Zukunft und dem, was du dort erschaffen möchtest. Du bist ein unendlich schöpferisches spirituelles Wesen, und deine Fähigkeit, manifestieren zu können, ist das Natürlichste der Welt. Die Vision ist die Information an das Universum darüber, was du erschaffen möchtest. Möchtest du versuchen, eine erste Vision für einen deiner Lebensbereiche zu formulieren?»

«Oh ja, das möchte ich unbedingt», antwortete Alma und nahm einen der bunt bemalten Bilderrahmen in ihre Hand. «Als Erstes möchte ich eine Vision für meine Spiritualität erschaffen. Denn wenn ich etwas in den letzten Tagen lernen durfte, dann, dass alles in der geistigen Ebene beginnt. Je mehr ich mich selbst authentisch und echt in meinem Leben zeige, umso mehr Freude werde ich erfahren. Ich möchte mich immer daran erinnern, wie wichtig meine spirituelle Verbindung ist, und glaube, dass es mir helfen wird, wenn ich eine kraftvolle Vision für diesen Lebensbereich in mir trage.»

Sie schloss ihre Augen und spürte in ihr Herz. Nach einiger Zeit stieg ein Bild in ihr auf, auf dem sie sich selbst auf der kleinen weißen Bank unter dem blühenden Baum sah und wie sie dort meditierte. Sie saß im Schneidersitz, hatte die Augen geschlossen, die Hände in ihrem Schoß liegen, ihre Haare wehten leicht im Wind, und ihr Gesichtsausdruck war friedlich und dankbar. Sie strahlte von innen, und es schien, als würde ihre Energie wie in einem Kreislauf aus hellem Licht von ihr in die Erde und in den Kosmos fließen. Neben sich sah sie das Notizbuch aufgeschlagen liegen.

Als sie das Gefühl hatte, das Bild ganz klar sehen zu können, speicherte sie es sich in ihrem Herzen ab und öffnete ihre Augen wieder. Sie blickte auf den Bilderrahmen in ihren Händen, der nicht mehr leer war, auf dem nun das Bild erschien, das sie gerade vor ihrem inneren Auge gesehen hatte.

Almas weises altes Ich beugte sich über das Bild und strich versonnen darüber. «Eine wunderschöne Vision!», sagte sie wie zu sich selbst.

«Ja, das finde ich auch. Es ist die Vision für den liebevollen Raum, den ich mir erschaffen und für immer erhalten möchte. Sie symbolisiert die Verbindung zu meiner inneren Welt, zu dir, zur Erde, zum Kosmos, zu allem, was ist. Wenn ich auf dieses Bild blicke, erinnere ich mich sofort daran, wie viel Liebe ich in mir selbst trage und dass alles in mir beginnt. Es schenkt mir Kraft und den Glauben an mich selbst.» Alma spürte, wie kraftvoll ihre eigenen Worte waren, wie kraftvoll die Wahrheit ihrer Vision war.

«Welche Gefühle fühlst du, wenn du an diese Vision denkst?»

«Ich fühle mich ganz leicht und erfüllt. Ich fühle mich mit meiner Schöpferkraft verbunden und dem Wissen darüber, wie kraftvoll ich bin. Es ist ein wunderschönes und warmes Gefühl, das ich habe, wenn ich dieses Bild vor meinem inneren Auge sehe.»

«Das ist wundervoll! Genau darin liegt die Kraft der Vision. Sie schickt dir die hohe Schwingung aus deiner Zukunft in die Gegenwart. Anstatt wie früher mit dem Groll deiner Vergangenheit verbunden zu sein, bist du jetzt mit der erhöhten Frequenz der Liebe aus deiner Zukunft verbunden. Wann immer du kannst, verbinde dich mit diesem inneren Bild und lade dich mit dieser Energie auf. Denn es ist genau diese Energie, die deine Vision Realität werden lassen wird. Lebe jeden Tag bewusst in diese Vision hinein und spüre ihre Energie, bis sie eines Tages zu deinem Leben geworden ist. Gleichzeitig ist das auch der Grund, warum das Manifestieren bei vielen Menschen nicht so funktioniert, wie sie es sich wünschen. Das liegt nicht daran, dass das universelle Gesetz der Anziehung nicht bei ihnen funktioniert. Denn es wirkt immer und bei jedem. Nein, es liegt daran, dass sie emotional nicht in Einklang mit ihren Wünschen sind. Sie fühlen sich im Mangel oder misstrauen unbewusst ihrer eigenen Fähigkeit, manifestieren zu können, was vom Universum als Bestellung aufgenommen wird. Das Universum liefert immer das, was in Einklang mit deinen Gefühlen ist. Deine Gefühle sind deine Frequenz, auf der du mit dem Universum kommunizierst. Deine elementare Aufgabe ist es, dich immer wieder in das Gefühl zu versetzen, dass deine Wünsche bereits erfüllt sind. Wir müssen es erst vor unserem inneren Auge als bereits real sehen, damit es auch immer Außen in Erscheinung treten kann. Denke immer daran: Erst glauben und dann sehen. Nicht andersherum. Möchtest du noch eine weitere Vision für einen deiner Lebensbereiche entwerfen?» Ihr weises altes Ich blickte sie vergnügt an – und erwartungsvoll. Sie hatte sichtlich Freude daran, mit Alma zusammen ihre Zukunft zu entwerfen.

Alma nahm einen weiteren der Bilderrahmen in ihre Hände und schloss ihre Augen. Sie brachte ihre Aufmerksamkeit zurück in ihr Herz und fragte sich, was einer ihrer größten Herzenswünsche war. Auch jetzt erschien langsam vor ihrem inneren Auge ein neues Bild. Sie sah sich selbst, wie sie Hand in Hand mit einem Mann an einem langen Strand spazieren ging. Sie lachten, und Alma fühlte die tiefe und liebevolle Verbindung, die sie für diesen Mann empfand, genauso wie sie in den Augen des Mannes so viel Liebe für sich erkennen konnte. Er blickte sie an, wie ein Mann die Liebe seines Lebens ansah. Sie waren sich so nah und verbunden.

Almas Herz tanzte vor Freude bei diesem Anblick. War es wirklich möglich, dass sie die Erfahrung einer solch schönen und intensiven Liebe machen würde? Diese Vision erfüllte sie mit so viel Herzklopfen und Vorfreude auf ihre Zukunft, dass sie am liebsten direkt in das Bild hineingesprungen wäre.

Aufgeregt öffnete sie ihre Augen und zeigte ihrem weisen alten Ich das Bild von sich und dem Mann, das nun in dem Bilderrahmen erschien.

Ihr weises altes Ich lächelte wissend und sagte dankbar: «Oh ja, was für eine schöne Erinnerung für mich. Und Vision für dich. Was ist die Energie, die diese Vision in dir auslöst?»

«Es ist eine sehr schöne und lebendige Energie. Sie ist befreiend und voller Liebe. Ich kann es kaum erwarten, diese Vision tatsächlich zu leben, und die Vorstellung, in einer erfüllten Beziehung mit einem Mann zu sein und mit ihm vielleicht sogar eines Tages eine kleine Familie zu haben, macht mich sehr glücklich. Bis vor ein paar Tagen hätte ich diese Vision für unmöglich gehalten.» Alma war immer noch ein wenig überwältigt von den Gefühlen, die die Vision in ihr wachgerufen hatten.

«Wenn du die Alma in deiner Vision siehst, wen siehst du? Wie ist sie? Was glaubt sie über sich und das Leben?», fragte ihr weises altes Ich.

Alma dachte über die Frage in Ruhe nach, während

sie auf das Bild ihrer Vision im Bilderrahmen sah. «Die Alma in meiner Vision ist voller Vertrauen. Sie hat keine Angst davor, ehrlich zu ihren Wünschen, aber auch ehrlich zu ihren Ängsten zu stehen. Sie versteckt nichts von sich und versucht auch nicht, jemand zu sein, der sie nicht ist. Sie ist in Frieden mit sich selbst und will auch überhaupt niemand anders sein. Sie hat ihr inneres Kind geheilt, und dadurch hat sich der Schatten ihrer Vergangenheit über ihr gelüftet. Sie hat in all ihren bisherigen Erfahrungen ein Geschenk für sich finden können, sodass sie wieder vollkommen vertraut, nicht nur sich selbst, sondern auch dem Leben. Und ich fühle, dass sie eine unglaubliche Stärke in sich trägt. Sie liebt den Mann an ihrer Seite, aber sie liebt vor allen Dingen sich selbst, sodass sie nichts von ihm braucht oder emotional von ihm abhängig ist, sondern einfach mit ihm zusammen sein will. Die Beziehung ist deswegen so gesund, weil sie beide einander den Raum geben, den sie brauchen, um zu wachsen, und sich gegenseitig wirklich als die Menschen wertschätzen, die sie sind. Die Alma in dieser Vision ist vollkommen entspannt und sich klar darüber, wer sie ist und was sie in ihrem Leben erfahren und erschaffen möchte. Sie ist vollkommen mit ihrer Schöpferkraft verbunden und übernimmt Verantwortung für sich selbst, anstatt ihr Glück von jemandem abhängig zu machen.»

«Was für eine tolle Frau! Ich freu mich schon darauf,

diese Alma bald kennenzulernen!», sagte ihr weises altes Ich glücklich. «Das Schöne ist, dass genau diese Alma bereits in dir existiert, so wie auch ich in dir existiere. Sie wird in dir durch diese Vision zum Leben erweckt, und das ist auch das Wunder, das unsere Herzenswünsche für uns bereithalten. Sie werden dich immer zu der höchstmöglichen Version von dir selbst emporsteigen lassen. Denn die Beziehung, die du gesehen hast, ist das natürliche Ergebnis deiner eigenen Entfaltung. Ist das nicht toll? Und das ist auch schon der nächste Schritt des Manifestierens: Vollkommen im Vertrauen zu sein, dass deine Träume und Visionen so oder sogar noch besser bereits erfüllt sind. Ich habe dir erzählt, dass Vertrauen in die Entfaltung deiner Visionen einer der wesentlichen Schlüssel ist, weil das Vertrauen dem Universum signalisiert, dass du keine Frage darüber hast, ob es in Erscheinung treten wird oder nicht.»

«Und dafür stelle ich mir vor, sie wären bereits erfüllt?», fragte Alma.

«Das sind sie. Aber es ist noch mehr möglich, mehr, als wir uns überhaupt vorstellen können, noch besser, als wir es uns überhaupt vorstellen können. Deswegen füge ich meinen Wünschen immer den Satz hinzu: So oder noch besser. Damit erlaube ich dem Universum, mich zu überraschen. Du kannst mir glauben, dann passieren die verrücktesten Dinge, und es macht einen Heidenspaß, sich vom Universum beschenken zu lassen. Das Universum ist ein Ort der endlosen Fülle. Wenn du dich für diese Fülle öffnest und sie empfängst, wird sie durch dich noch mehr. Außerdem weißt du ja, dass Zeit eine Illusion ist und alles gleichzeitig im universellen Feld der unendlichen Möglichkeiten existiert. Alles, was du tun musst, ist, in tiefer Dankbarkeit dem Wissen in dir zu vertrauen, dass deine Vision bereits existiert. Dankbarkeit ist gelebtes Vertrauen. Wenn du bereits jetzt dankbar für die Erfüllung deiner Wünsche und Träume bist, hast du selbst eine so hohe Schwingung, dass das Universum dir nichts anderes als Fülle zukommen lassen kann. Deine Wünsche und deine Träume sind bereits erfüllt, und deine einzige Aufgabe ist es, die Schwingung in dem gegenwärtigen Moment zu leben. Denn es ist genau diese Schwingung, die dich die Vision erschaffen lassen wird.»

Alma nickte langsam. «Ich verstehe, was du meinst. Es ist immer meine Energie, die erschafft, und wenn meine Energie Dankbarkeit für alles ist, was bereits da ist und was noch kommt, dann werde ich mehr davon anziehen, wofür ich dankbar sein kann.»

«Ganz genau! Du bist sehr klug!», lobte sie ihr altes weises Ich. «Der letzte Schritt des Manifestierens ist, dass du beginnst, heute bereits deine Vision zu leben. Frage dich hierfür jeden Morgen, wenn du deinen Tag beginnst, was du heute tun kannst, um deine Vision zu leben. Lebe jeden Tag in deine Vision hinein. Richte deinen Fokus auf das aus, was du erschaffen möchtest, verbinde dich immer wieder mit dem Vertrauen und der Dankbarkeit, dass deine Wünsche und Träume bereits erfüllt sind, und triff Entscheidungen, die genau diese Vision Realität werden lassen. Werde die bewusste Schöpferin deiner Realität in jedem Moment deines Lebens. Es gibt nichts Schöneres, als jeden Tag aktiv an deinen Träumen zu arbeiten und gleichzeitig vollkommen erfüllt im Hier und Jetzt dein Leben zu genießen.»

Alles in Alma sehnte sich danach, endlich damit zu beginnen, bewusst ihr Leben zu erschaffen und ihre Schöpferkraft zu nutzen. Sie erkannte, dass ihr weises altes Ich ihr gerade den Einblick in ein unendlich wertvolles Wissen geschenkt hatte, das ihr noch nie zuvor jemand verraten hatte. Ihr Herz füllte sich mit Dankbarkeit. Schnell griff sie nach ihrem Notizbuch, das neben ihr auf dem Tisch lag, und schlug eine leere Seite auf, um sich die Schritte des Manifestierens aufzuschreiben, um auf keinen Fall auch nur einen davon zu vergessen.

Als Überschrift schrieb sie:

Manifestieren lernen

Darunter fasste sie kurz in Stichpunkten die vier Schritte für sich zusammen:

Schritt 1: Ich erinnere mich daran, wer ich wirklich bin und welche Wahrheiten in meinem Herzen sind. Alles beginnt damit, was ich tief in meinem Inneren über mich selbst glaube.

Schritt 2: Ich erschaffe aus meinem Herzen heraus eine Vision für meine Zukunft und frage mich, wie ich mich selbst als Liebe in meinem Leben zum Ausdruck bringen möchte.

Schritt 3: Ich bin voller Dankbarkeit und vollkommen im Vertrauen, dass meine Wünsche bereits so oder sogar noch besser erfüllt sind.

Schritt 4: Ich lebe jeden Tag in meine Vision hinein und denke, fühle, entscheide und handle im Einklang mit meinen Träumen.

Zufrieden schloss sie das Notizbuch und blickte ihr weises altes Ich an. Während sie die Punkte aufgeschrieben hatte, war ihr noch eine Frage gekommen, die sie unbedingt stellen wollte. «Was passiert, wenn ich während des Manifestierens doch Zweifel habe, ob meine Vision tatsächlich wahr werden wird? Was, wenn es zum Beispiel viel länger dauert, als ich es mir vorgestellt habe, und ich mein Vertrauen verliere?», fragte sie nachdenklich.

«Das ist eine sehr wichtige Frage, und ich bin dankbar, dass du sie stellst. Zuallererst ist es wichtig, dass du nicht dafür abwertest, dass du zweifelst, sondern im Gegenteil die Zweifel liebevoll willkommen heißt. Sie dürfen da sein. Sie wollen dich ja auch nur schützen, und es ist verschwendete Energie, gegen sie zu kämpfen. Schau sie also an. Was genau sind die Zweifel? Vielleicht kommen hier wieder die Erinnerungen deiner alten Identität hoch, dass du nicht gut genug bist oder dass du es nicht verdient hast, ein Leben in Fülle und Glück zu erschaffen. Dann sind diese Zweifel also nichts weiter als eine wundervolle Einladung, den Weg wieder in dein Herz zurückzufinden und dich zu erinnern, wer du wirklich bist. Jeder Zweifel kann dich zurück in die Liebe führen, wenn du ihm die richtigen Fragen stellst. Vielleicht zeigt er dir, was noch geheilt werden möchte oder was du noch vergeben kannst. Du erinnerst dich an die Geschichte von dem Schüler, der bereits sehr weit fortgeschritten war in der Schule der Liebe, aber trotzdem wütend darüber, dass er immer wieder vor neue Herausforderungen gestellt wurde? Genau das wirst du auch immer wieder in der Erfüllung deiner Vision erleben. Auch sie wird dich immer wieder vor neue Herausforderungen stellen. Sie wird dich immer wieder mit deinen größten Ängsten konfrontieren. Aber nicht, damit du aufgibst oder damit du an dir zweifelst, sondern damit du dich immer und immer wieder auf die Suche nach der Liebe machst, die sich hinter deinen Ängsten finden lässt.

Bewusst zu manifestieren, bedeutet auch, bewusst deinen eigenen Schatten zu begegnen und sie nicht wegzudrücken, sondern auch ihnen Licht zu schenken. Das ist das Geschenk deiner Vision, sie wird dich immer über dich selbst hinauswachsen lassen. Durch sie wirst du immer tiefer in dein Herz finden, weil du all deinen Schatten und Ängsten nicht länger aus dem Weg gehst, sondern dich ihnen stellst. Auch diese Anteile wollen nur geliebt werden. Wenn Zweifel und Misstrauen kommen, begrüße sie als Türöffner in dein Herz, die dich noch tiefer in deine Heilung führen werden. Es sind am Ende nur die Anteile, die sich noch von der Liebe getrennt fühlen, und wenn du beginnst, auch sie zu lieben, werden sie dir nicht im Weg stehen, sondern dir den Weg zeigen. Frage sie, was noch in dir geheilt werden möchte. Frage sie, wann sie begonnen haben, getrennt von der Liebe zu sein. Frage sie, was du noch vergeben darfst, um auch ihnen Frieden zu schenken. Vielleicht werden sie dich zu deinem inneren Kind führen und dich darin unterstützen, in die Beziehung zu der kleinen Alma noch mehr Liebe zu bringen. Inneres Wachstum bedeutet nicht zwangsläufig, *mehr* von etwas zu werden. Manchmal bedeutet es auch loszulassen, was endlich gehen darf. Du wirst sehen, dass du dich vor deinen Zweifeln nicht mehr fürchten oder ihnen ausweichen wirst. Du wirst erkennen, dass sie dir sehr wichtige Antworten schenken – wenn du die richtigen Fragen stellst. Wenn du dich dem Prozess der Heilung dieser Anteile in dir offen stellst, wirst du immer Liebe finden.

Außerdem hast du ja nun den Zugang zu deiner inneren Welt und kannst mit deinem Bewusstsein mit mir oder auch deinem jüngeren zukünftigen Ich, das deine Vision bereits lebt, kommunizieren. Du kannst dich jederzeit dorthin begeben und dich energetisch in den Moment der Erfüllung deiner Träume hineinfühlen. Du weißt ja, deine Vision ist bereits erfüllt – so oder sogar noch besser.»

Ihr weises altes Ich hatte voller Vertrauen zu ihr gesprochen. Alma konnte die Wahrheit ihrer Worte in sich spüren, fühlte sich so gut bei dem Gedanken, dass die Zweifel und Ängste nicht gegen sie waren, dass sie nicht gegen sie ankämpfen musste, sondern dass sie sogar genau richtig waren. «Danke für diese Antwort. Ich weiß schon jetzt, dass sie mir helfen wird, meinen Weg ins Vertrauen immer wieder zurückzufinden.» Alma zögerte kurz. Und fragte dann: «Am liebsten würde ich jetzt noch die restlichen Bilderrahmen mit meinen Visionen füllen. Darf ich?»

«Natürlich! Ich gehe uns derweil mal das Frühstück machen. Lass dir alle die Zeit, die du brauchst», lachte ihr weises altes Ich und huschte beschwingt in die Küche.

Almas Blick glitt über die restlichen noch leeren Bilderrahmen, die vor ihr auf dem Tisch lagen, und sie begann, einen nach dem anderen in ihre Hände zu nehmen und aus ihrem Herzen eine kraftvolle Vision für jeden einzelnen Lebensbereich zu erschaffen. Sie sah sich selbst: vollkommen gesund und fit und gut auf ihren Körper achtgebend. Sie sah, wie sie ihren absoluten Traumjob bekam, ihre Geldprobleme löste und endlich finanziell frei war. Sie sah, wie sie in eine wunderschöne helle Wohnung zog, mit Blick ins Grüne. Und sie sah, wie sie ein Abenteuer nach dem anderen erlebte, an die schönsten Orte reiste und surfen lernte. Sie sah sich, wie sie mit lieben Menschen zusammen schöne Momente erlebte und tiefe Freundschaft. Bei jeder Vision ließ sie die Energie aus ihrer Zukunft in ihr Herz fließen und erfüllte es mit Dankbarkeit darüber, dass alles, was sie sich vorstellte, genau so oder noch besser in Erfüllung gehen würde.

Als sie mit allen Lebensbereichen fertig war und auf all die Bilderrahmen mit den wunderschönen Visionen darin blickte, breitete sich in ihrem Herzen ein überwältigendes Glücksgefühl aus. Sie konnte es kaum glauben, dass das ihre Zukunft sein würde. Jede dieser Visionen hatte ihren ganz eigenen Zauber, und sie spürte, dass sie jede dieser Visionen liebevoll herausfordern würde, noch mehr Liebe in ihrem Leben zuzulassen.

Sie lächelte dankbar und schlug erneut ihr Notizbuch auf, um alles, was sie heute Morgen bereits gelernt hatte, aufzuschreiben.

1. *Es gibt keinen Abschluss in der Schule der Liebe. Das Einzige, was du bekommst, ist ein Zeugnis am Ende deines Lebens darüber, wie sehr du geliebt hast.*

2. *Jeder Konflikt ist eine Möglichkeit, Liebe in Form von Vergebung zu erfahren.*

3. *Jede Verletzung ist eine Möglichkeit, Liebe in Form von Heilung zu erfahren.*

4. *Jeder Verlust ist eine Möglichkeit, Liebe in Form von Loslassen zu erfahren.*

5. *Jede Angst ist eine Möglichkeit, Liebe in Form von Vertrauen zu erfahren.*

6. Jeder Tag, der vor mir liegt, ist wie ein kleines neues Leben, das mir geschenkt wird. Je bewusster ich meinen Tag mit einer liebevollen und klaren Energie beginne, desto mehr wird genau diese Energie zu mir zurückkehren.

7. Manifestieren ist die Fähigkeit, etwas Unsichtbares sichtbar werden zu lassen.

8. Ich kann nicht nicht manifestieren. Ich manifestiere immer das, was meiner Schwingung entspricht, und nicht das, was ich will.

9. Es geht nicht darum, was ich tue, sondern mit welcher Energie ich es tue. Es geht immer nur um meine Energie. Sie bestimmt alles. Wenn ich alles mit Liebe tue, werde ich immer Liebe erfahren.

10. Die wichtigste Frage ist: Wer möchte ich sein? Denn mein Sein drückt immer meine Energie aus, und diese Energie bestimmt, was ich erhalte.

11. Das Universum hat keine Eile. Alles hat sein göttliches Timing, darauf kann ich mich immer verlassen.

12. Es ist ein aktiver kreativer Prozess, eine Vision zu erschaffen. Sie entsteht durch mich selbst. Ich forme meine Vision. Sie ist das klare innere Bild von meiner Zukunft und dem, was ich dort erschaffen möchte.

13. Meine Vision wird mich immer wieder mit meinen größten Ängsten konfrontieren. Aber nicht, damit ich an mir zweifle, sondern damit ich mich immer und immer wieder auf die Suche nach der Liebe hinter der Angst begebe.

14. Das Universum ist ein Ort der endlosen Fülle. Wenn ich mich für diese Fülle öffne, wird sie durch mich noch mehr.

15. Dankbarkeit ist gelebtes Vertrauen.

KAPITEL 7

Beginne zu leben

Alma schaute aus dem kleinen ovalen Fenster des Flugzeugs in die unendliche Weite des Himmels. Die Sonne ging gerade unter, und die Wolken waren in ein wunderschönes rosafarbenes Licht getaucht. Sie musste beim Anblick der Schönheit des Himmels unwillkürlich lächeln. Es war wie eine Symphonie der Natur mit ihren schönsten Farben.

Auf ihrem Schoß lag das aufgeschlagene Notizbuch. Sie hatte die letzten Stunden des Flugs damit verbracht, es von vorne bis hinten durchzulesen. Bis heute kam ihr die Begegnung mit ihrem weisen alten Ich manchmal noch vollkommen verrückt vor, doch das Notizbuch erinnerte sie immer wieder daran, dass alles wahr war.

Mittlerweile war schon fast ein Jahr vergangen, seitdem sie von der Begegnung mit ihrem alten weisen Ich zurückgekommen und auf der Couch in ihrer Küche aufgewacht war. Sie erinnerte sich täglich an den wunderschönen und erfüllten letzten Tag, den sie zusammen verbracht hatten. Sie hatten gefrühstückt, und Alma hatte ihr alle weiteren Visionen gezeigt, mit denen sie die Bilderrahmen gefüllt hatte und die sie in ihrer Zukunft erschaffen wollte. Sie hatten gemeinsam geträumt, sich vorgestellt, was die Zukunft wohl bringen würde, und voller Dankbarkeit auf die heilsame Zeit zurückgeblickt, die sie miteinander verbracht hatten. Alma hatte noch nie zuvor ein wertvolleres Geschenk in ihrem Leben erhalten als all das Wissen und die Liebe von ihrem weisen alten Ich. Sie war innerlich so sehr erfüllt von Zuversicht und Vertrauen in ihren eigenen Weg, den sie gehen würde, und sie spürte, dass es Zeit für sie geworden war, all das, was sie gelernt hatte, auch tatsächlich zu leben. Ihr weises altes Ich hatte sie noch zu der kleinen weißen Holzbank unter dem wunderschönen blühenden Baum begleitet. Für eine lange Zeit saßen sie einfach gemeinsam dort, Hand in Hand, und genossen den Augenblick.

Alma dachte daran, wer und wie sie war, als sie diesen Ort das erste Mal entdeckt hatte, und wer sie jetzt war. Es lagen ganze Welten dazwischen. Sie war so erfüllt von Misstrauen ins Leben und ihr war noch nicht mal bewusst gewesen, dass es dieses Tor in ihre innere Welt gab. Und dann hatte sie ihr weises altes Ich getroffen, und alles hatte sich verändert. Sie hatte das Vertrauen in sich selbst und in das Leben wiedergefunden. Sie hatte verstanden, dass sie selbst ihr Leben erschuf und dass eine unendliche Schöpferkraft in ihr lebte. Vor allem aber hatte sie gespürt, dass die Liebe nie weg gewesen war. Sie hatte sie nur nicht mehr sehen können. Sie hatte sie selbst aus ihrem Leben verbannt, als sie ihr Herz verschlossen hatte. Dabei hätte sie ihr Herz in Wahrheit nie schützen brauchen. Denn es war ihr Herz, das sie mit Liebe schützte. Das war alles, was sie brauchte. Sie war immer von Liebe umgeben, weil sie selbst Liebe war.

Nach einiger Zeit, die sie zusammen schweigend auf der Bank gesessen hatten, sagte ihr altes weises Ich liebevoll zu ihr: «Alma, ich werde hier immer auf dich warten und ein Teil von dir sein. Wann immer du nicht weiterweißt oder dich verloren fühlst, finde mich in dir. Ich bin hier. Immer. Und denke daran: Ich bin außerdem die Möglichkeit von dir selbst in deiner Zukunft. Ich existiere, weil du an dich selbst geglaubt hast und tief in dir den Schatz der Liebe geborgen hast. Unser Abschied ist kein Ende. Er ist ein Neuanfang. Das Leben ist ein Tanz aus Annehmen und Loslassen. Jetzt ist es Zeit loszulassen. Dies ist der Beginn einer wundervollen Reise, die du nun antreten wirst. Du bist getragen von all der Liebe in dir und dem Wissen über deine schöpferische Kraft. Das Universum wird dir Türen öffnen, wo du dachtest, dass es nur Wände gibt, und es wird Menschen in dein Leben bringen, die die Liebe in dir nur noch verstärken werden. Es gibt nichts, was du fürchten müsstest. Du weißt alles, was du wissen musst. Gehe los und lebe. Erfülle deine Träume. Trage Liebe in die Welt. Nutze dein Leben, um einen Unterschied für jeden Menschen zu machen, der dir begegnet, weil du die Botschaft der Liebe in dir trägst. Die größte Erfüllung finden wir im Leben immer dann, wenn wir anderen unsere Liebe zuteilwerden lassen. Das ist unser natürlicher Seinszustand, dafür sind wir hier. Es gibt nichts, was wichtiger ist.»

Sie umarmte Alma, küsste sie auf die Stirn, wie sie es so oft getan hatte, und wischte Almas Tränen von den Wangen. «Es gibt keinen Grund, traurig zu sein. Du hast mich immer bei dir. Ich werde wie ein Engel über dich wachen und dich hören, wenn du nach mir rufst. Finde jetzt deinen Weg in dein Leben zurück und lebe. Lebe ohne Kompromisse, frei, echt, wild und voller Vertrauen darin, dass das Beste immer vor dir liegen wird. Das Leben liebt dich!»

Alma wischte sich die kullernden Abschiedstränen von den Wangen. Sie wusste, es war Zeit zu gehen, und gleichzeitig wäre sie am liebsten für immer hiergeblieben. Dieser Ort hatte ihr so viel geschenkt, sie hatte sich hier selbst wiedergefunden und noch so viel mehr.

«Ich weiß nicht, was ich sagen kann, um in Worte zu fassen, wie dankbar ich bin … Ich bin dir so unendlich dankbar. Für alles. Du hast mir ein neues Leben geschenkt, und ich weiß jetzt, wie ich dieses Leben nutzen möchte. Zu wissen, dass ich dich immer in mir trage, macht mir den Abschied leichter, auch wenn es einen Teil in mir gibt, der am liebsten bei dir bleiben würde.

Aber es ist Zeit, loszulassen und loszugehen. Ich bin bereit.»

Alma blickte ein letztes Mal durch den wunderschönen Garten, atmete den Duft des blühenden Baums mit den weißen Blüten tief ein, drückte sanft die Hand von ihrem weisen alten Ich ein letztes Mal und schloss dann ihre Augen. Sie erlaubte sich, alles loszulassen und in sich selbst emporzusteigen.

Sie stieg durch ihr eigenes Herz hinauf in ihr Bewusstsein und spürte, wie sich ihr Körper, ihre Energie und ihre Seele wieder in ihrer Küche zusammenfanden.

Als sie langsam die Augen öffnete, lag sie noch immer eingekuschelt in ihrer Decke auf der Couch, ihre Tasse mit dem Tee stand auf dem Tisch, und das Notizbuch lag geöffnet vor ihr. Sie war zurück.

In den darauffolgenden Monaten wendete Alma alles, was sie von ihrem weisen alten Ich gelernt hatte, auch tatsächlich an. Sie begann jeden Tag mit einer Meditation und richtete sich innerlich auf das aus, was sie erschaffen wollte. Sie erinnerte sich immer an ihr Versprechen an sich selbst, dass sie ihre Spiritualität in ihrem Leben achtsam leben wollte, um ihre Energie bewusst auszurichten und zu stärken. Sie visualisierte ihre Träume und stellte sich vor, wie das oder sogar etwas Besseres in ihrem Leben in Erscheinung treten würde. Sie übte sich täglich darin, zu vergeben und Liebe in die

Welt zu tragen. Und auch wenn sie keinen Kontakt mehr zu ihrer Mutter hatte, so war sie trotzdem vollkommen in Frieden mit ihr. Sie hatte verstanden, dass sie nur glücklich werden konnte, wenn sie die Vergangenheit für sich nutzte, um darin Weisheit und Klarheit zu finden. Und das hatte sie getan. Sie wusste jetzt für sich, dass sie ihr Leben wirklich leben wollte, und war aus dem Kreislauf ihrer Familie ausgestiegen, in dem die Verletzungen immer weitergegeben worden waren, weil niemand bereit war zu vergeben. Sie war dankbar, dass sie erkannt hatte, dass der größte Gewinn für sie in der Entscheidung lag loszulassen.

Besonders wertvoll war für sie in den letzten Monaten vor allen Dingen aber die tiefe Verbindung, die sie zu der kleinen Alma in ihr entwickelt hatte. Es war kein Tag vergangen, an dem sie sich nicht mit ihr über ihr Herz verbunden hatte und ihr Liebe und Mitgefühl geschenkt hatte. Dadurch war die kleine Alma immer mehr und mehr ins Vertrauen gekommen, und das spürte Alma in so vielen Momenten ihres Lebens, in denen sie früher aus der Haut gefahren wäre, aber heute ganz entspannt bleiben konnte, weil sie wusste, dass sie sicher, geborgen und geliebt war.

Wie ihr altes weises Ich es ihr vorhergesagt hatte, passierte schon nach kürzester Zeit ein Wunder nach dem anderen. Weil Alma ihre gesamte Schwingung von Angst hin zu Liebe geshiftet hatte, kam in ihrem Alltag so viel Liebe zu ihr zurück. Es war, als würde die Welt sie anstrahlen. Alles wurde leichter. Sie hatte den Mut gefasst, ihren alten Job zu kündigen, und die Zeit genutzt, um sich zu fragen, was sie wirklich beruflich machen wollte. Sie hatte nicht mehr darauf gehört, was sie dachte, was von ihr erwartet wurde oder was gut nach außen aussah, sondern sich gefragt, wie sie die Welt verändern wollte und was sie wirklich erfüllte. Dabei war in ihr immer wieder der Wunsch aufgekommen, dass sie Kinderbücher schreiben wollte, in denen sie Kindern von deren innerer Welt erzählte und ihnen beibrachte, wie sie dorthin reisen konnten. Anfangs kam ihr der Gedanke noch vollkommen verrückt vor. Sie als Autorin? Wer glaubte sie denn, wer sie war? Aber dann hörte sie die liebevolle Stimme von ihrem weisen alten Ich in ihrem Herzen, die sie an den höchstmöglichen Gedanken an sich selbst erinnerte: *Ich bin schöpferische Liebe.* Alma versuchte, sich in diesen Gedanken hineinzufühlen, versuchte zu fühlen, wie es wäre, wenn sie tatsächlich mit ihren Büchern erreichen würde, dass Kinder durch sie mehr Liebe in ihrem Leben erfahren würden. Sie visualisierte es immer wieder und wieder und verband sich mit der Energie aus ihrer Zukunft. Die Angst zeigte ihr nur, dass sie kurz davor war, etwas sehr Mutiges zu tun, was sie noch nie zuvor getan hatte. Sie stellte sich vor, wie sie sich mit ihrem zukünftigen Ich verband, und ließ dieses Vertrauen jeden Morgen in ihr Herz fließen.

Nachdem sie einige Wochen hin und her überlegt hatte, wie sie anfangen sollte, und nachdem das Vertrauen in sich selbst langsam stärker wurde als ihre Angst, kam der Tag, an dem sie sich schließlich einfach hinsetzte, ihren Laptop öffnete und zu schreiben begann. Sie hatte aufgehört, darauf zu warten, sich bereit zu fühlen, denn sie wusste, dass dieser Moment nie kommen würde. Sie würde bereit werden, wenn sie erst einmal den ersten Schritt gemacht hatte. Und als sie sich an ihren Laptop setzte, einfach begann, da entlud sich in ihr eine solche Kreativität, dass die Worte nur so aus ihr herausflossen. Er war beinahe so, als hätten die Bücher ihr Leben lang darauf gewartet, endlich durch sie aufgeschrieben zu werden. Sie musste bei jedem Satz, den sie schrieb, lächeln, weil das Geschriebene auch in ihr eine riesige Liebe wachsen ließ.

Manchmal musste sie aber auch verblüfft über sich selbst den Kopf schütteln: Sie hatte es tatsächlich gewagt, einfach loszulegen, einfach Autorin zu sein. Und von Minute eins an konnte sie spüren, dass sie in ihrem eigenen Element angekommen war – von dem sie so lange nicht mal gewusst hatte, dass es überhaupt ihres war. Und auch hier bestätigten sich die Worte von ihrem weisen alten Ich: Es sind unsere größten Träume, die immer auch unser eigenes größtes Wachstum hervorrufen, und gerade das, was uns Angst macht, ist, wohin wir gehen sollten. Denn oft werden unsere größten

Talente dort geborgen, wo wir sie selbst am wenigsten vermuten.

Nach drei Monaten hatte sie bereits ihr erstes Buch fertig geschrieben und den Mut gefunden, es an mehrere Verlage zu schicken. Sie erinnerte sich noch sehr, sehr gut an die E-Mail, die sie wenige Wochen später in ihrem Posteingang fand. Der Betreff lautete: ***Verlagsangebot für Ihr Kinderbuch.*** Mit zittrigen Händen und pochendem Herzen hatte sie die Mail geöffnet und darin das Angebot von ihrem absoluten Wunsch-Verlag gefunden, der nicht nur ihr Buch veröffentlichen wollte, sondern so begeistert davon war, dass er eine ganze Kinderbuchreihe von ihr vorschlug. Sie schickten ihr ein erstes Angebot, von dem sie nicht nur ihre Miete für die nächsten Monate zahlen könnte, sondern das sogar mehr war, als sie in ihren letzten drei Jobs zusammen verdient hatte. Sie sprang vor Freude durch ihre Küche und platzte fast vor Glück: Sie würde ab jetzt einfach Kinderbücher schreiben und war Autorin! Sie konnte es kaum fassen. Und nicht nur das, es bedeutete sogar, dass sie von überall auf der Welt arbeiten konnte, dass sie vollkommen frei war und gleichzeitig einen Beruf haben würde, der sie vollkommen erfüllte.

Alma wurde von der Stimme des Piloten, die durch die Lautsprecher tönte, aus ihren Erinnerungen zurückgeholt. «Wir befinden uns jetzt im Landeanflug auf den Flughafen von Honolulu. Es sind angenehme 25 Grad, und wir haben einen wolkenlosen Himmel. Bitte klappen Sie Ihre Tische hoch, und schnallen Sie sich an.»

Aufgeregt und voller Vorfreude folgte Alma den Anweisungen des Kapitäns, verstaute ihr Notizbuch in ihrem Rucksack und blickte wieder aus dem Fenster. Sie konnte in der Ferne bereits das satte Grün der Insel sehen, die sich vor ihr aus dem Wasser erhob. Das strahlende Blau des Meeres erstreckte sich bis zum Horizont und in alle Richtungen aus. *Ich könnte platzen vor Glück*, dachte Alma, während sie die Farben und die wunderschöne Natur von oben betrachtete. Sie hatte es tatsächlich geschafft. Sie würde gleich auf Hawaii landen und dort die nächsten sechs Wochen verbringen. Was für ein Abenteuer.

Als sie aus dem Flughafengebäude heraustrat, wurde sie von der warmen Meeresluft begrüßt und von einem wunderschönen bunten Regenbogen, der sich über den Himmel spannte. Almas Herz hüpfte vor Freude. Sie fuhr mit dem Taxi in ein kleines Familienhotel, das sie für die Zeit gebucht hatte und das direkt am Strand lag. Allein die Fahrt zum Hotel, am Meer entlang, war so beeindruckend, dass sie kaum aus dem Staunen herauskam. Die vielen bunten Blumen, die überall wuchsen, die riesigen Palmen, die sich im Wind wiegten, und die Weite des Meeres, das sich vor ihr erstreckte, ließen ihre

Seele vor Dankbarkeit aufatmen. Noch vor wenigen Wochen hätte sie sich niemals träumen lassen, eines Tages alleine nach Hawaii zu fliegen. Und doch war es wahr geworden, einfach deshalb, weil sie begonnen hatte, sich selbst zu erlauben, an ihre Träume und auch an sich selbst zu glauben. Sie konnte förmlich fühlen, wie ihr inneres weises Ich ihr applaudierte.

Nachdem sie in ihrem Hotelzimmer angekommen war, legte Alma ihren Rucksack und ihren Koffer aufs Bett. Ihr Zimmer war wunderschön, hatte eine Terrasse, die direkt zum Strand überging. Sie wollte unbedingt vor dem Abendessen noch einen Spaziergang am Strand machen. Aber erst mal musste sie unter die Dusche springen nach diesem langen Flug. Das angenehm warme Wasser tat so gut, und sie ließ alle Anspannungen der Reise nach und nach los. Als sie fertig war, nahm sie sich eines der weißen Handtücher, die neben der Dusche bereitlagen, wickelte sich darin ein und stellte sich vor den Spiegel. Sie strich mit ihrer Hand über das beschlagene Glas und wischte die Feuchtigkeit weg. Sie blickte in das Gesicht einer jungen Frau, in deren Augen sich die Liebe zum Leben widerspiegelte.

Für eine Weile blieb Alma einfach vor dem Spiegel stehen und sah sich selbst in die Augen. Sie hatte in den letzten Wochen durch die Begegnung mit ihrem weisen alten Ich all ihre Masken fallen lassen. Sie sah jetzt die

Alma, die sie wirklich war. Eine junge Frau, die zu sich selbst zurückgefunden hatte und zu ihrer unendlichen inneren Schönheit. Sie lächelte sich selbst im Spiegel an und sah in dem Moment nicht nur das liebevolle Lächeln ihres weisen alten Ichs in ihrem eigenen Gesicht, sondern auch die kleine Alma, die endlich wieder Vertrauen ins Leben gefasst hatte.

Um den Sonnenuntergang am Strand nicht zu verpassen, ging Alma zu ihrem Koffer, der auf dem Bett lag, holte ein sommerliches Kleid heraus und streifte es sich über. Dann nahm sie ihr Notizbuch aus dem Rucksack und öffnete die Terrassentür. Vor ihr erstreckte sich ein endlos weiter Sandstrand. Sie hörte die Wellen gleichmäßig am Ufer brechen und strahlte über das ganze Gesicht bei der Vorstellung, hier die ganzen nächsten Wochen leben zu können. Glücklich trat sie hinaus. Sie spürte den feinen weichen Sand unter ihren Füßen auf ihrem Weg ans Meer. Sie versuchte, alle Eindrücke tief in sich aufzunehmen. Vor der Sonne hingen ein paar Wolken. Sie ließen nur wenige Sonnenstrahlen hindurch, aber dadurch wurde alles in ein warmes goldenes Abendlicht getaucht. Alma hörte Kinder lachen, die gerade am Strand Fußball spielten, sah den Surfern im Wasser zu, die versuchten, noch ein paar letzte Wellen zu bekommen, bevor die Sonne unterging, und sie entdeckte sogar eine Schildkröte, die langsam aus dem

Wasser kam, um sich am Strand auszuruhen. Es war wie das Paradies auf Erden.

Ein paar Meter weiter erblickte sie eine kleine Strandbar, an der man draußen an kleinen Tischen aus Bambusholz sitzen konnte und einen perfekten Blick übers Meer hatte. Sie beschloss, vor dem Abendessen hier noch etwas zu trinken und die wunderschöne Aussicht zu genießen. Sie setzte sich an einen freien Tisch und schlug ihr Notizbuch auf, um ein neues Kapitel zu beginnen, als sie eine freundliche Männerstimme hörte.

«Hi! Wie geht's? Bist du neu hier?»

Sie blickte hoch in die Augen eines Mannes, der sie mit einem riesigen Lächeln anstrahlte. Er hatte schulterlange braune Haare, die von der Sonne an manchen Stellen aufgehellt waren, trug ein weißes lockeres T-Shirt und Badeshorts. Er sah aus, als würde er mehr Zeit auf dem Wasser als auf dem Land verbringen, und Alma hatte das Gefühl, ihn schon Ewigkeiten zu kennen.

«Hi?», antworte Alma, verwirrt über diesen gutaussehenden Mann, der plötzlich wie aus dem Nichts vor ihr stand und sie ansprach.

«Was kann ich dir bringen?», fragte er sichtlich amüsiert über Almas erstaunten Blick.

«Oh, sorry!», lachte Alma verlegen, als sie verstand, dass es der Eigentümer der Bar war, der vor ihr stand. «Ich nehme einen Orangensaft, bitte», sagte sie schnell und hoffte, dabei nicht rot zu werden.

Zwei Minuten später kam er mit einem frisch gepressten Orangensaft zurück zu ihrem Tisch, stellte ihn vor sie und streckte ihr seine Hand entgegen: «Ich bin übrigens Noel. Wenn ich dir irgendwie bei was behilflich sein kann, surfen lernen oder so, bin ich immer gern zur Stelle ...»

«Noel?», wiederholte Alma jetzt wirklich verwirrt, während sie ihm die Hand schüttelte.

«Jep, das ist mein Name. Warum, stimmt etwas nicht damit?» Er lachte über Almas Gesichtsausdruck.

«Oh, nein, nein, er ist sogar perfekt!» Jetzt musste sie auch lachen. «Ich glaub, ich hab noch ein bisschen Jetlag», versuchte sie, ihre Verwirrung zu erklären.

Es war ein unbeschreiblich bekanntes Gefühl, das Alma überkam, während sie miteinander sprachen. Die Berührung ihrer Hände hatte sich angefühlt, als wären sie dafür bestimmt, sich nie wieder loszulassen. Schnell nahm sie einen Schluck von ihrem Orangensaft, um wieder einen klaren Kopf zu bekommen. Noel schenkte ihr noch ein Lächeln und verschwand dann wieder hinter der Bar, um seine Gäste zu bedienen.

Almas Herz pochte wie wild. Um sich selbst wieder zu beruhigen, blickte sie auf das aufgeschlagene Notizbuch, das vor ihr auf dem Tisch lag, und begann zu schreiben:

1. Erwarte Wunder in jedem Moment.

2. Ich habe die Fähigkeit, alle meine Träume wahr werden zu lassen. Es gibt nichts, was ich nicht erschaffen könnte.

3. Höre auf die Stimme deines Herzens, auch wenn es sich im ersten Moment noch so verrückt anfühlen mag, was sie dir sagt.

4. Unsere größten Talente werden oft dort geborgen, wo wir sie selbst am wenigsten vermuteten.

5. Je mehr Liebe ich in mir trage, desto mehr Liebe begegnet mir.

6. Ich bin immer von Liebe umgeben.

7. Das Leben will gelebt werden und schenkt mir jeden Tag die Möglichkeit, neu zu beginnen.

8. Wenn ich vertraue, kommt alles wie von selbst zu mir.

9. Jedes Ende ist immer auch ein neuer Anfang.

Ich danke dir. Danke, dass du bereit bist, dich selbst wiederzufinden und dein Herz zu öffnen. Danke, dass du dich auf diese Reise in die Schönheit deiner Seele machst. Denn mit jedem Stück, das du in dir heilst, heilst du auch ein Stück der ganzen Welt.

Hier ist Platz für deine eigenen Gedanken

....

....

....

....

....

....

....

....

....

....

....

....

....

....